Cadre théorique des études des médias : les médias du monde arabe comme outil géopolitique

Géopolitique et résolution des conflits

Vol. 29

Boualem Fardjaoui

Cadre théorique des études des médias : les médias du monde arabe comme outil géopolitique

PETER LANG
Bruxelles - Berlin - Chennai - Lausanne - New York - Oxford

Soutien à la publication : Univ. Lille, ULR 4074 – CECILLE - Centre d'Études en Civilisations, Langues et Lettres Étrangères, F-59000 Lille, France.

info@peterlang.com http://www.peterlang.com

Cette publication a fait l'objet d'une évaluation par les pairs.

Publié par Peter Lang Éditions Scientifiques Internationales – P.I.E., Bruxelles, Belgique

ISSN 1780-5848
ISBN 978-3-0343-5414-1
ePDF 978-3-0343-5415-8
ePub 978-3-0343-5416-5
DOI 10.3726/b22418
D/2024/5678/64

Information bibliographique publiée par « Die Deutsche Bibliothek »
« Die Deutsche Bibliothek » répertorie cette publication dans la « Deutsche National-bibliografie »; les données bibliographiques détaillées sont disponibles sur le site <http://dnb.ddb.de>.

Table des matières

Chapitre I
Chapitre introductif

L'étude de la presse écrite au sujet des conflits au Moyen-Orient soulève souvent les polémiques. Le traitement médiatique privilégie dans ce cadre la géopolitique comme angle d'analyse. C'est le principal constat relevé quand on analyse le discours médiatique sur les questions touchant la conflictualité au Moyen-Orient.

La naïveté du chercheur débutant le mène à vouloir définir le degré de partialité ou d'impartialité de la presse. Celui-ci se heurte très rapidement aux conclusions faites par les recherches dans le domaine de l'étude de la presse où il est établi que la presse ne peut être impartiale totalement. La presse est partiale ne serait-ce qu'en privilégiant des sujets et en choisissant leur orientation. Les pressions politiques, économiques et la ligne éditoriale de la presse ne permet pas à haut niveau d'impartialité.

En conséquence, est-ce que les efforts du chercheur doivent être concentrés sur l'orientation thématique de la presse ? Cette orientation, doit-elle être fondée sur l'analyse sémantique qui conduit à des conclusions différentes d'un organe de presse à un autre ?

L'approche sémantique, liée à la géopolitique dans ce cas, revêt une grande importance, car elle nous permet de déterminer le suivi que fait la presse des conflits au Moyen-Orient. Elle nous oriente vers les fondements méthodologiques et théoriques de celle-ci.

Le chercheur, en plus de définir un cadre méthodologique précis (il privilégiera la méthode d'analyse de contenu dans le cadre de la géopolitique), doit définir un cadre théorique clair. La presse privilégie, quand elle présente les conflits au Moyen-Orient, l'approche géopolitique en lien avec les Relations internationales. Le chercheur doit faire appel aux théories des Relations internationales admises dans cette discipline. De cette manière, il identifiera les tenants et les aboutissants de la couverture médiatique et les raisons qui poussent les acteurs étatiques et non étatiques à agir.

Ce travail décrit les théories des Relations internationales mobilisées par la presse et par les acteurs impliqués et définit l'approche géopolitique et sa relation avec le discours médiatique. Les conclusions de cette étude représentent une synthèse de mes précédents travaux sur le contenu du discours médiatique qui impliquent l'analysé de plusieurs corpus lors des conflits et des tensions au Moyen-Orient. Des organes de presse pertinents ont été étudiés en fonction de leur degré d'influence sur « l'opinion publique » ou par leur représentativité de celle-ci (voir en annexe la liste de mes travaux impliqués dans ce livre).

Les corpus incluent les organes et périodes suivants :

Al quds al arabi	décembre 2008 à janvier 2009	conflit à Gaza de 2008 à 2009
Al Hayat	décembre 2008 à janvier 2009	conflit à Gaza de 2008 à 2009
Le Monde	décembre 2008 à janvier 2009	conflit à Gaza de 2008 à 2009
Libération	décembre 2008 à janvier 2009	conflit à Gaza de 2008 à 2009
Le Figaro	décembre 2008 à janvier 2009	conflit à Gaza de 2008 à 2009
Al Jazerra	décembre 2008 à janvier 2009	conflit à Gaza de 2008 à 2009
	2009 à 2017	représentation de la politique de Obama
	2017 à 2021	représentation de la politique de Trump
Al Arabiya	décembre 2008 à janvier 2009	conflit à Gaza de 2008 à 2009
	2009 à 2017	représentation de la politique de Obama
	2017 à 2021	représentation de la politique de Trump

Il est très important de définir certains concepts essentiels pour la compréhension de cette discipline de géopolitique des médias avant d'entrer dans son analyse dans le cadre des médias dans le monde arabe : *quelle définition donner à la géopolitique des médias, les médias comme acteur et espace d'expression géopolitique, la diplomatie d'influence ou la diplomatie publique lors des conflits.*

Quelle définition donner à la géopolitique des médias

Selon Philippe Boulanger[1], la géopolitique des médias est une discipline de la géopolitique générale, bien que les géographes eux-mêmes ne donnent que très peu de place à cette discipline dans la leur.

1 Philippe Boulanger, *Géopolitique des médias : acteurs, rivalités et conflits*, Paris, Armand Colin, 2014, p. 11.

Cette marginalisation est liée à l'évolution de la discipline géographique « depuis l'essor de l'école de géographie française à la fin du XIXe siècle » qui s'intéressait essentiellement aux réseaux de communication et de télécommunications, notamment après la Seconde Guerre mondiale. Elle s'est intéressée par la suite aux réseaux numériques avec l'essor d'Internet dès les années 2000. Cet intérêt s'est fait dans un rapport étroit avec l'aménagement du territoire. Les disciplines enseignées à l'université (« environnement, bio géographie, géomorphologique, géographie économique, aménagement du territoire et urbanisme, géographie sociale et culturelle », etc.) inciter alors les chercheurs et les étudiants à s'orienter vers d'autres disciplines que celle des médias. Malgré l'essor des nouvelles technologies au XXIe siècle, les publications universitaires dans le domaine de la géopolitique des médias restent rares.

Il faut attendre 1993, pour que Roger Brunet aborde de manière claire l'information, la communication et les médias comme étant un champ d'investigation scientifique de la géographie dans le dictionnaire qu'il a dirigé sous le titre *Les mots de la géographie, dictionnaire critique*. Le dictionnaire présente l'information comme étant une « notion d'information géographique qui regroupe le traitement des données et la connaissance des lieux qui sont l'enjeu d'appropriation ». Quant aux médias sont désignées comme étant « l'ensemble de la presse écrite et audiovisuelle de grande diffusion » qui sont considérées comme des puissances « économiques, politiques et culturelles » et comme « un pouvoir considérable de diffusion et de persuasion ». Ainsi, il présente « une dimension géopolitique de leur action ».

La géopolitique a été utilisée par les stratèges, les gouvernants et même les commerçants dans leur prise de décision de pays l'Antiquité. Mais autant que discipline scientifique et universitaire, elle est la fille de la fin du XIXe siècle. Le début du XXe siècle et la guerre froide ont donné à cette discipline une importance croissante dans la gestion du monde au regard des rivalités entre les puissances mondiales. La fin de la guerre froide et le début de la mondialisation ont octroyé une nouvelle direction à cette discipline liée « la mondialisation des échanges économiques, l'apparition de nouvelles tensions et menaces, et l'émergence de nouvelles puissances ». Yves LACOSTE « considère que la géographie est un savoir stratégique de tout en pour le militaire, le prince et le commerçant. Ce savoir des états-majors et une aide à la décision, indispensable pour comprendre l'environnement des hommes, leur représentation du territoire et leurs rivalités ».

Les médias comme acteur et espace d'expression géopolitique

La géopolitique à l'objectif d'étudier les « projets politiques des grands acteurs de notre planète » par rapport à leurs relations à la géographie[2]. Elle s'intéresse comme le précise Stéphane Rosières dans son *Dictionnaire de l'espace politique*[3] publié en 2008 à l'interaction entre espace et acteurs (État, organisation, entreprise, etc.) et leurs rapports avec le pouvoir (plan interne aux États) et à la puissance (plan externe aux États). Il intègre la notion d'éléments « matériels et immatériels » donnant ainsi une grande importance au discours à travers la représentation et mettant en avant les questions de rivalités de pouvoir des luttes d'influence.

Cette évolution de la perception de la question de la géopolitique des médias nous mène à définir cette dernière comme étant « l'étude des rivalités de pouvoir entre les acteurs médiatiques, de la représentation de ces luttes d'influence par les médias, du discours des médias comme révélation des mutations géopolitiques ». Cette discipline « permet de comprendre les grands déséquilibres du monde actuel puisque les médias en sont les acteurs et les reflets ». Elles sont aussi les sources et les outils d'information de l'attractivité de l'audience et de l'influence sur l'opinion. Elles sont aussi des moyens importants pour « comprendre les stratégies de contrôle, les tensions et les rivalités entre les acteurs ».

Comme dit plus haut, cette approche de la géopolitique ou des médias continue à être secondaire dans les études universitaires. Frédéric Lasserre et Emmanuel Gonon[4] dans leur ouvrage *Manuel de géopolitique* publié en 2008 ne mettent pas en avant l'importance de l'information et de la communication parmi « les concepts fondamentaux de la géopolitique ».

D'autres, comme Aymeric Chauprade, au contraire, met accent sur « la guerre de l'information » qui a été menée par les États-Unis lors de

---

2 Philippe Boulanger, *Géopolitique des médias : acteurs, rivalités et conflits*, Paris, Armand Colin, 2014, p. 18.

3 Stéphane Rosières, *Dictionnaire de l'espace politique*, Paris, Armand Colin, 2008, cité par Philippe Boulanger, *Géopolitique des médias : acteurs, rivalités et conflits*, Paris, Armand Colin, 2014, p. 18.

Ibid.

4 Frédéric Lasserre et Emmanuel Gonon, *Manuel de géopolitique*, Armand Colin, 2016, cité par Philippe Boulanger, *Géopolitique des médias : acteurs, rivalités et conflits*, Paris, Armand Colin, 2014, p. 19.

la guerre du Golfe entre 1990 et 1980 séances et Pascal Gauchon et Jean-Marc Huissoud[5] dans leur ouvrage *Les 100 mots de la géopolitique* publiée en 2010 considèrent les médias comme les « nouveaux bataillons de la puissance » éclairant ainsi sur le rôle des médias dans la géopolitique et dans le renouvellement de cette discipline. Il démontre le rôle des médias dans le *Soft Power* utilisé par les États, les organisations non étatiques et les entreprises multinationales notamment avec l'avènement des grandes sociétés du Net. Ces nouveaux acteurs de l'information et de la communication font émerger une nouvelle catégorie d'opinion publique mondialisée où les médias expliquent le rapport entre les hommes et les « milieux politiques »[6].

Selon Philippe Boulanger, l'intérêt pour les médias réside dans les représentations géopolitiques qu'elle nous propose. Comment la presse dans le monde arabe et ailleurs présente-t-elle les conflits au regard des relations internationales et des intérêts des États et des organisations impliqués dans ces conflits ?

La diplomatie d'influence ou la diplomatie publique lors des conflits

Les médias sont fondamentaux lors des épisodes de conflits et de guerre à la fois comme acteur et comme reflet de l'évolution des conflits. Ils peuvent servir à la propagande et à la manipulation. Ils peuvent être des instruments de subversion (désordre, bouleversement, révolution) et de désinformation.

S'il en revient au conflit au Moyen-Orient, la guerre du Golfe de 2003 est un cas d'école dans le domaine de la désinformation et de la manipulation. Le gouvernement américain avait usé des médias pour propager des informations mensongères pour justifier la guerre menée contre l'Irak. Cette stratégie du gouvernement américain fait écho à une autre guerre perdu médiatiquement par les États-Unis ; la guerre

---

5 Pascal Gauchon et Jean-Marc Huissoud, *Les 100 mots de la géopolitique*, Paris, PUF, 2010, cité par Philippe Boulanger, *Géopolitique des médias : acteurs, rivalités et conflits*, Paris, Armand Colin, 2014, p. 19

6 Jacques Barrat, « La géopolitique des médias », *In*, Le Champion Rémy, Leteinturier Catherine, *Médias, informations et communication*, Paris ellipses, 2009, cité par Philippe Boulanger, *Géopolitique des médias : acteurs, rivalités et conflits*, Paris, Armand Colin, 2014, p. 19.

du Vietnam est un autre cas d'école, car le traitement médiatique avait échappé à la propagande et a montré une certaine avancée vers la liberté de l'information. Cela dit, chaque conflit est une situation à part entière engendrant un traitement médiatique différent.

Chapitre II
Le cadre théorique de l'étude des médias

Les théories des Relations internationales dans le discours médiatique

Dans sa couverture des questions qui concernent le Monde arabe et surtout ses conflits, la presse, que ce soit en France ou dans le Monde arabe, écrite ou audiovisuelle, donne une analyse qui touche à la fois aux Relations internationales et à la géopolitique de manière plus large.

Plusieurs domaines sous-tendent le cadre théorique de la recherche. Il est évident que dans l'analyse de contenu médiatique, le chercheur doit mobiliser une méthodologie fondée sur un cadre théorique précis. Le cadre théorique de l'analyse médiatique est fondé sur une perception sémantique, soit la recherche du sens. Cette dernière est elle-même fondée sur l'analyse de la fréquence comme vecteur de précision et justificatif des choix thématiques sélectionnés par le chercheur quand il étudie un corpus de presse. Cette démarche peut être bien évidemment appliquée à tout type de document. La différence émerge plus tard quand arrive le moment d'interpréter les résultats du travail empirique mené. Cette interprétation se fait sur la base des théories admises dans les disciplines mobilisées lors de cette phase. Il est donc possible de faire une interprétation sociologique, psychanalytique, littéraire ou linguistique des résultats du codage du corpus. Il est aussi possible de faire une interprétation réalisée à partir des théories des Relations internationales ou celles de la géopolitique. Cette dernière a la capacité d'intégrer des théories de plusieurs domaines scientifiques, dont l'histoire, les sciences politiques, etc. du moment que ces théories ont une influence sur l'espace géographique.

Il est essentiel dans l'étude médiatique d'identifier les acteurs étatiques et non étatiques que la presse nous impose lors de l'analyse des conflits et des tensions dans la région du Moyen-Orient. C'est effectivement la presse qui fait des acteurs étatiques et de leurs actions les principaux sujets traités.

Partant de ce constat, l'action des États est interprétée généralement sur la base de deux théories : la théorie réaliste (pragmatique, rationaliste) et la théorie libérale (idéaliste) des Relations internationales.

L'approche réaliste des Relations internationales s'efforce de « voir le monde tel qu'il est et non tel que l'on voudrait qu'il soit »[7]. Les promoteurs de cette approche estiment qu'il faudrait s'adapter à la réalité du monde et ne pas lui imposer un idéal.

L'approche idéaliste et libérale définit les Relations internationales comme un moyen de promotion des libertés, politique et économique. Elle promeut aussi un idéalisme dans la construction du monde. L'objectif étant d'instaurer des situations de paix et de coopération entre États. Le but est de promouvoir ce que doit être le monde et non de se contenter de s'adapter à ce qu'il est.

Les deux approches sont souvent critiquées par leurs adversaires respectifs : l'approche réaliste est considérée comme cynique, alors que l'approche idéaliste, malgré ses bonnes intentions, peut-être perçut comme un danger lors de sa mise en pratique.

La géopolitique dans le discours

Yves LACOSTE[8] suggère de tenir compte, dans l'analyse du discours, des « représentations » spatio-temporelles des antagonistes lors de l'analyse des médias. Chacun des adversaires, dans le cas des conflits sujets de la couverture médiatique, se « réfère aux situations et [/ou] aux conflits antérieurs remontant à plus ou moins longtemps », donc à l'Histoire et au choix sélectif des souvenirs « assortis de jugements de valeur ». Ils « se fonde[nt] [chacun] sur sa version de l'histoire, sur d'anciens tracés de frontières, sur des configurations spatiales dont le souvenir est entretenu ou non, selon les besoins de la cause ». Et c'est précisément la

---

7 Amélie BLOM, Frédéric CHARILLON, *Théories et concepts des relations internationales*, Paris, Hachette Supérieur, 2001, p. 13. Voir notamment, Pierre Emmanuel BARRAL, *Les Grands théoriciens des relations internationales*, Levallois-Perret, Studyrama, 2015.

8 LACOSTE Yves (éd), dictionnaire de géopolitique, Flammarion, Paris, 1993, p. 28, 29.

représentation historique qui est faite par la presse de manière générale des conflits au Moyen-Orient, principalement israélo-palestinien.

Dans ce cas de figure, c'est le « droit historique » qui se réfère aux « descriptions de géographie historique ». De la sorte, les représentations de chacun sautent les périodes que privilégie l'adversaire pour fonder son droit historique sur la géographie et sur le territoire du conflit.

À partir de là, il parait important de savoir que les discours et les représentations géopolitiques ne sont que l'œuvre de personnages ou de petits groupes qui les ont « formulés et inventés ». Même si, ultérieurement, ils se sont répandus et adoptés par une partie plus importante, voire majoritaire d'une nation. Même l'analyse faite par les observateurs étrangers, dont la presse est un moyen de diffusion, ne suppose pas nécessairement leur neutralité. Les relations que peut avoir l'analyste étranger avec un des protagonistes peuvent créer des relations sentimentales ou des concordances idéologiques. Ceux-ci peuvent, aussi, apparaitre des similitudes qui existent entre les problèmes de différents États.

Il faut impérativement rendre compte des complexités des interactions entre les représentations géopolitiques « plus ou moins subjectives et d'envergures variables, du local au planétaire ».

Le journaliste autant qu'analyste peut avoir tendance à partager des affinités sentimentales ou idéologiques avec l'un ou l'autre des protagonistes, mais il peut, aussi, être objectif et impartial. Un des buts de l'analyse des médias est de démontrer la partialité ou l'impartialité des journalistes et de leurs organes de presse envers l'un ou l'autre des protagonistes des conflits et des thèmes abordés lors de ceux-ci. Il se doit de cerner l'orientation du discours de la presse à partir des représentations géopolitiques[9] des acteurs sur le terrain de la façon la plus objective possible.

Les théories des Relations internationales, réaliste et libérale[10], jouent un rôle essentiel dans la couverture médiatique des conflits et des tensions

---

9 LACOSTE Yves, Dictionnaire de Géopolitique, Paris, Flammarion, 1995, cité par, COSSON Yves-Marie, *« de la pertinence d'une presse nationale comme objet d'étude : l'exemple de la presse russe », In*, Annie Allain, Marc Gladieux, François Malveille (éd), Lecture(s) de l'actualité et paysages médiatiques : regards croisés sur l'international, Villeneuve d'Ascq, Éditions du conseil scientifique de l'université Lille 3, p. 19.

10 Dario BATTISTELA, *Théorie des relations internationales*, Paris, SciencesPo. Les Presses, 2012, p. 127-178.

au Moyen-Orient. L'action des États est interprétée sous la lumière de ces théories. En revanche, les organes de presse ne sont pas toujours d'accord sur quel État suit une approche pragmatique et quel autre suit une approche libérale. Toute action d'un État ou d'une organisation dans ce cadre peut être interprétée, à la fois comme émanant d'une approche libérale par certains ou d'une approche pragmatique par d'autres. Chacun interprète cette action étatique selon ses convictions, celles de l'État qu'il représente ou celles du public visé.

L'approche pragmatique privilégie le dialogue et le partage des intérêts entre les États et entre les belligérants. Alors que la théorie libérale[11] est une approche idéaliste et une posture vue comme idéologique et rigide, excluant tous les acteurs étatiques ou non étatiques de la résolution des conflits. Par exemple, lors du conflit à Gaza 2008-2009, à l'époque de l'administration américaine de George W.BUSH, les interventions de l'État américain étaient dictées par l'idéal démocratique. Le projet du Grand Moyen-Orient démocratique peut déterminer en partie le soutien à Israël « démocratique » contre ses ennemis « non-démocratiques ». La presse met notamment en exergue le rôle des lobbies pro-israéliens aux États-Unis pour expliquer son soutien à Israël. L'action d'Israël est interprétée selon cette même approche. Elle résulte de la politique de la force qui mène à chercher la sécurité dans un contexte international privé d'autorité suprême (donc anarchique) qui impose l'ordre, l'ONU n'ayant qu'un rôle humanitaire lors de ce conflit. La logique nationale en Israël (les élections législatives du 10 février 2009) l'emporte sur la logique du donnant-donnant des négociations : selon la presse, le gouvernement qui fait des concessions en Israël se suicidera électoralement. Elle fait en sorte que cette action émane d'une approche plutôt pragmatique qui permettra une réélection à la tête du gouvernement israélien. L'action israélienne et américaine est donc interprétée par l'approche pragmatique. Sur cette question, la presse diverge. En revanche, l'action française, européenne et égyptienne est interprétée majoritairement en France et chez certains organes de presse dans le Monde arabe comme une action pragmatique donnant la voie à tous les acteurs de la région. Certains autres la perçoivent comme une approche idéaliste excluant certains acteurs majeurs du conflit (Hamas, Iran, Qatar).

---

[11] *Ibid*, p. 179-216.

Médias et géopolitique dans le Monde arabe

Les attentats terroristes du 11 septembre 2001 aux États-Unis ont marqué profondément les études des médias arabes en Occident. C'était un des tournants principaux, car l'attention des chercheurs est orientée vers l'étude des médias locaux (arabes) et non occidentaux. Les chercheurs se sont intéressés à ce que pensent les « Arabes » au travers de leurs médias.[12]

Ce qui était captivant, c'était le discours que les médias portent sur des questions géopolitiques et de Relations internationales. Ce n'était certainement pas les médias eux-mêmes. La presse devient alors un méta-sujet comme le désigne bien Tourya GUAAYBESS[13].

Cet engouement s'est fait dans un contexte marqué par la montée en puissance des chaînes satellitaires, principalement *Al-Jazeera*, à partir des années 1990 et l'avènement des réseaux sociaux comme média alternatif et fort influenceur des masses jeunes à partir des soulèvements dans les pays arabes en 2010-2011. Ce nouveau mode de consommation de l'information est alimenté par des jeunes, blogueurs et journalistes, ouverts sur les nouvelles technologies.

Parmi les sujets souvent étudiés par les chercheurs se trouve la question du développement. Le chercheur met l'accent sur le rôle de la presse, dans le cadre de la communication, afin d'aider dans les processus de développement politique et de la liberté des médias des pays concernés. La presse renforce pour ainsi dire ses moyens de communication. Parmi les sujets privilégiés, on pouvait trouver des classifications des organes de presse selon leur degré de liberté ou d'allégeance au pouvoir politique en place comme l'avait mentionné William RUGH, ancien diplomate et ambassadeur américain au Proche-Orient, dans son ouvrage *The Arab Press : News Media and Political Process in the Arab World* publié en 1979. Une deuxième approche était suivie, notamment par Douglas BOYD, chercheur américain en communication, qui fait une analyse historique de l'évolution de l'audiovisuel dans le Monde arabe et les conditions de sa naissance dans son ouvrage publié pour la première fois en 1982

---

12 Tourya GUAAYBESS, *Les Médias dans les pays arabes, des théories du développement contrariées aux politiques de coopération émergentes*, ISTE Éditions, Londres, 2019, p. 13.

13 *Ibid.*

Broadcasting in the Arab Word : A survey of radio and télévision in the Midle East ou dans l'ouvrage de Ami AYALON, *The Press in the Arab Middle East : A History* publié en 1995.[14]

Un autre regard se développe sur les médias dans le Monde arabe à partir des années 2000 ayant pour objectif de déterminer les mutations du paysage télévisuel dans cette région du monde. Jean-Philippe BRAS et Larbi CHOUIKHA avaient écrit un livre en 2002 intitulé *Médias et technologies de communication en Maghreb et en Méditerranée. Mondialisation, redéploiement et « art de faire »* ou encore Franck MERMIER qui coordonne en 2003 un ouvrage collectif intitulé *Mondialisation et nouveaux médias dans l'espace arabe.* Ces deux œuvres font un constat sur « les modèles de mutation du paysage télévisuel » et des médias en général dans le contexte de la mondialisation. Ce sont des ouvrages qui mettent l'accent notamment sur l'impact politique, culturel et économique recherché par la presse auprès de l'opinion publique comme le préconise aussi les ouvrages collectifs dirigés par l'allemand KAI Hafes *Mass Media, Politics and Society in the Middle East* publié en 2001 et *Arab Media : Power and Weakness* publié en 2008 ; la logique commerciale de rentabilité prenait le pas souvent sur le rôle de développement.

Néanmoins, la presse arabe met l'accent, quand elle traite des conflits, sur deux autres sujets importants qui sont la géopolitique et les Relations internationales. Ce constat éloigne le discours médiatique du thème privilégié par les études des médias en Occident (malgré les liens possibles entre les deux).

La presse est avant tout vue comme le véhicule des valeurs qui lui sont propres ou servent les intérêts des États. Partant de ce constat, la presse joue un rôle autre que l'information.

L'analyse de la presse, notamment dans le Monde arabe, nous conduit à faire le constat suivant : en plus d'imposer d'anciennes ou de nouvelles « normes culturelles », la presse participe souvent à consolider l'influence des États auxquels elle appartient. Cette stratégie « participe à ce qu'on appelle la diplomatie d'influence » ou « Public diplomacy » en anglais.[15]

---

[14] *Ibid*, p. 14, 15.

[15] Voir notamment au sujet de la diplomatie d'influence dans le Monde arabe, Sadock HAMMAMI, « La communication publique dans le Monde arabe. Essai d'analyse de son émergence et de son développement », *Communication et*

Il demeure que la diplomatie d'influence est une notion fluctuante. Bien que nous puissions retenir qu'elle promeut les intérêts des nations à travers l'information et participe à l'influence que veulent les États sur le reste du monde et sur les opinions publiques mondiales, il est clair que cette notion est intimement liée à la pluralité des acteurs et à leurs objectifs. Ceci mène à la création de stratégies diverses de la part des États et des organes de presse qui les représentent.

Les médias peuvent aussi participer à l'influence culturelle, idéologique, politique et économique d'acteurs non étatiques ou non liés de manière directe à des États. Les États au Monde arabe et au Moyen-Orient de manière générale n'ont pas l'apanage d'utilisation des médias comme moyen d'influence.

Les médias sont ainsi considérés comme des acteurs des Relations internationales surtout lors des conflits où ils sont utilisés comme des armes efficaces.[16]

Le principal organe de presse arabe après la Seconde Guerre mondiale fut la radio égyptienne *Sawt al Arab* (la voix des Arabes) créée en 1953, suite au coup d'État contre la monarchie et le roi FAROUK mené par le général NEGUIB et le colonel ABDEL NASSER. Celle-ci propageait l'idéologie du nationalisme arabe et du socialisme[17]. À cause de ses positions anticolonialistes, elle fut bombardée par la France et la Grande-Bretagne sans pour autant mettre fin à son émission.

À cause des évolutions politiques de la fin du XXe siècle et du début du XXIe siècle dans la région, notamment les guerres du Golfe de 1990

---

organisation, 35 | 2009, 01/12/2012, consulté le 28/01/2021. http://journals.openedition.org/communicationorganisation/820 ; DOI : https://doi.org/10.4000/communicationorganisation.820

16 Voir l'évolution des moyens consentis par les États coloniaux entre les deux guerres et par les États arabes après les indépendances qui créent des radios en langue arabe destinée aux pays arabes afin de les influencer et d'imposer leur choix stratégiques et idéologiques : *Ibid*, p. 104, 105. Et Henry LAURENS, *L'Orient arabe: arabisme et islamisme de 1798 à 1945*, Paris, Armand Colin, 1993, p. 331-332. Ce dernier nous apprend que la communication des grandes puissances entre les deux guerres et pendant la Deuxième Guerre mondiale était essentielle pour fédérer les Arabes autour d'elle. L'objectif étant de les détourner de l'ennemi et de les utiliser contre lui.

17 Douglass BOYD, « The Developpement of Egypt's Voice of the Arabs », In, BROWN, D *Issues in International Broadcasting*, (dir), *Broadcast Education Association*, New York. Cité par Tourya GUAAYBESS, *Les Médias dans les pays arabes, des théories du développement contrariées aux politiques de coopération émergentes*, ISTE Éditions, Londres, 2019, p. 105.

et 2003 et les répercussions des attentats terroristes du 11 septembre 2001, une nouvelle dynamique géopolitique pousse les États de la région à investir plus dans le domaine des médias.

Plusieurs décennies après *Sawt al Arab* et plus exactement en 1996 fut créée la chaîne télévisée Qatari *Al Jazeera* qui est la plus connue des chaînes panarabes en Occident. Bien que son public principal soit arabophone, la chaîne émet aussi en anglais, en turc et en serbo-croate. Elle adopte une ligne éditoriale dure contre les régimes arabes et contre les États-Unis. Sa force fut pendant très longtemps d'être la principale émettrice d'images et de discours émanant de conflits multiples, notamment en Afghanistan et dans les territoires palestiniens. Ce qui lui a valu beaucoup de critiques et l'hostilité de plusieurs pays et de personnalités politiques à travers le monde, notamment aux États-Unis, qui ont bombardé ses locaux en Afghanistan en 2001 et en Irak en 2003, ainsi qu'en Arabie Saoudite, aux Émirats arabes unis et en Égypte. La chaîne participe évidemment à la politique d'émancipation menée par le Qatar à l'égard de ses voisins, surtout l'Arabie Saoudite, dans des dossiers principaux de la région.

En réponse, fut lancée la chaîne saoudienne d'information *Al-Arabiya* (moins connu en Occident que la précédente) en 2003 dans l'objectif de contrer *Al Jazeera* très critique à l'égard du royaume saoudien. Elle a une ligne éditoriale très critique à l'égard de l'Iran et de ses alliés dans la région, notamment en Syrie et en Irak. *Al-Arabiya* participe aussi à l'influence de l'Arabie Saoudite et de ses intérêts politiques et idéologiques au Moyen-Orient.

Les deux chaînes concurrentes ont une importante présence sur le net via plusieurs sites Internet d'information ou d'éducation en plusieurs langues.

Des centaines d'autres chaînes satellitaires d'information sont créées dans la même période et pour les mêmes raisons. Une large partie s'intéresse aux questions nationales, mais beaucoup restent orientés vers les dossiers régionaux. Chacune apporte une vision idéologique différente et sert les intérêts des États et des organisations régionales, voire internationales. Certaines ont des lignes éditoriales indépendantes, mais souvent orientées idéologiquement. Elles expriment dans ce cas des points de vue d'oppositions politiques.

La presse de manière générale dans le Monde arabe, multimédias, participe à la géopolitique des médias. Sa pluralité est « déployée dans la zone arabe, chaque fois par des opérateurs publics ». Les acteurs traditionnels, arabes et occidentaux, ont vu de nouveaux acteurs entrer dans le jeu, russe, chinois, iranien, japonais et turc.[18] Leurs objectifs étant toujours les mêmes : servir des intérêts géopolitiques, redorer leurs images ou en créer de nouvelles. L'objectif commercial n'est pas tenable selon Tourya GUAAYBESS qui considère que ce sont des chaînes éminemment politiques et non rentables économiquement. Elles sont financés par les États pour des objectifs non commerciaux. Il demeure que le public dans les pays arabes ne donne que très peu de crédit et ne suit pas les chaînes étrangères. Il se concentre plus sur l'information émanant des chaînes arabes transnationales.

Caractéristique sémantique du discours, ou quand la presse s'adapte à l'audience

S'il est important de savoir que la presse est un moyen de géopolitique pour les États, il est aussi important d'intégrer la notion d'adaptation à l'auditoire visé.

Jean Blaize GRIZE[19] part du principe que « pour tenir un discours sur un thème donné, on doit aussi avoir ou se faire une représentation de celui à qui on s'adresse, et de se figurer la façon dont il perçoit et comprend le sujet traité ». En d'autres termes, le message médiatique est avant tout envoyé à des lecteurs déjà convaincus, voire des militants. Le lecteur de droite lira majoritairement l'information émanant d'un organe de presse de droite. Le lecteur de gauche, quant à lui, privilégiera les organes de presse de gauche. Il est possible notamment de faire une division à l'intérieur de cette perception de l'échiquier politique entre centre-droit, droite dite classique ou extrême droite, voire même ultra droite. La même division peut être appliquée aux médias de gauche.

Le discours politique orienté, selon Abdenbi LACHKAR, colle idéologiquement à celui du récepteur, le public visé. Il se focalise ainsi sur « l'usage volontaire ou involontaire des représentations ». L'objectif

---

[18] Tourya GUAAYBESS, *Les Médias dans les pays arabes, des théories du développement contrariées aux politiques de coopération émergentes*, ISTE Éditions, Londres, 2019, p. 106, 107.

[19] Jean Blaize GRIZE, *Logique et langage*, Paris, Ophris, 1990, p. 35, cité par Ruth AMOSSY, *L'Argumentation dans le discours*, Paris, Armand Colin, 2006, p. 43.

étant de ne pas justifier le contenu du discours, car récepteur est déjà convaincu. Il met l'accent sur les caractéristiques idéologiques du discours en complicité avec les discours médiatique et social. Il « se sert des jeux de mots, des ambiguïtés lexicales et lexicologiques pour marquer les différences. Pour atteindre ses fins, il se sert des différences sociales sans pour autant les clarifier, ce qui constitue un écart et un excès »[20].

Ce « traitement sociolinguistique » conduit à la construction d'un « modèle communicatif » dont le sens est compris selon le contexte (social, politique et médiatique) de l'émetteur et du récepteur[21]. Le discours fait l'impasse ainsi sur la notion de vérité comme de la cohésion sociale. Approfondir les dissensions à l'échelle d'une société, permet de fédérer. Ce qui est intéressant dans les expressions utilisées se trouve être le sens que lui donne le public, soit la représentation, même si du point de vue linguistique elles (les expressions) peuvent rester floues. L'émetteur s'adresse ainsi à un public qui partage un même « éthos », soit une même manière d'être et de penser le monde.

Dans la continuité de ce que suggère Abdenbi LACHKAR, Marie-Pierre FOURQUET-COURBET et Didier COURBET estiment que les études en sciences de la communication s'intéressent à trois aspects du discours médiatique. Elles se focalisent sur l'aspect de production et de contenu médiatique, mais s'investissent moins à l'aspect de la réception du discours. Ceci dit, la réception reste « fondamentale ». Celle-ci, du point de vue des théories de la communication médiatique, « explique que la signification sociale d'un « message » médiatique né de l'interaction entre un texte, plus généralement un dispositif médiatique, et des sujets sociaux des publics « récepteurs », socialement contextualisée ». Le récepteur est considéré comme « un co-producteur de la signification »[22]. Selon les deux auteurs toujours, « il ne fait plus de doute aujourd'hui

---

[20] Abdenbi LACHKAR, « Discours politique, médias et représentations : quelle (s), stratégie(s) pour quel(s) effet(s) », *In*, Michaël ABECASSIS, Gudrun LEDEGEN (éd), *Les Voix des Français volume 1 : à travers l'histoire, l'école et la presse*, Berne, Peter Lang, 2010.

[21] Patrick CHARAUDEAU, *Discours politique : les masques du pouvoir*, Paris, Vuibert, 2005, cité par Abdenbi LACHKAR, « Discours politique, médias et représentations : quelle (s), stratégie(s) pour qu'elle(s) effet(s) », *In*, Michaël ABECASSIS, Gudrun LEDEGEN (éd), *Les Voix des Français volume 1 : à travers l'histoire, l'école et la presse*, Berne, Peter Lang, 2010.

[22] Stuart HALL," Encoding/Decoding TV discourse ", CCCS, University of Birmingham, 1973. Cité par Marie-Pierre FOURQUET-COURBET et Didier

qu'un grand nombre de contenus médiatiques (images violentes, publicité, actualité, idéologie sous-jacente aux émissions…) forme, renforce ou modifie les représentations, les idéologies et les actions sociales »[23].

Cette perception des sujets médiatiques risque d'être encore plus biaisée à moyens et longs termes. Les recherches montrent que les médias agissent sur « l'espace public en le vidant de certaines opinions, en modifiant lentement les représentations et l'idéologie sociale » (approche sociologique) et de l'autre à cause des interprétations différentes selon les groupes sociaux (approche ethnographique)[24].

Le traitement linguistique à travers la méthode d'analyse de contenu seul n'est pas suffisant. La recherche de sens par le biais d'une approche sémantique avait besoin d'être reliée à d'autres dimensions de l'analyse fondée sur une approche géopolitique et de Relations internationales. La perception de ces deux derniers domaines est ainsi le fil conducteur de mes travaux de recherche.

Comme le discours est destiné à un public visé et convaincu, la question de l'objectivité et de la subjectivité devient un objet privilégié des études dans le cadre des stratégies de communication menée par la presse. Le travail explique ainsi « la manière dont le discours politique appuyé par les médias influence les comportements individuels et collectifs ainsi que la réception du discours » où « l'objectivité des uns peut être perçue comme une subjectivité par les autres. Cette confusion dichotomique devient ainsi une stratégie de communication et contribue à la construction des représentations. Cela met en question aussi bien le

---

COURBET, « Analyse de la réception des messages médiatiques, Récits rétrospectifs et verbalisations concomitantes », *Communication et Langages, 09/* 2009.

23 Pascal MARCHAND. (Dir.), *Psychologie sociale des médias*, Rennes, Presses Universitaires de Rennes, 2004.

Didier COURBET, Marie-Pierre FOURQUET-COURBET (Dir.) *La Télévision et ses influences,* Bruxelles, De Boeck Université/INA, 2003. Cités par Marie-Pierre FOURQUET-COURBET et Didier COURBET, « Analyse de la réception des messages médiatiques, Récits rétrospectifs et verbalisations concomitantes », *Communication et Langages, 09/* 2009.

24 Daniel. DAYAN, « Sociologie des médias : le détour par l'ethnographie », *in* : Serge MOSCOVICI, Fabrice BUSCHINI, (dir), *Les méthodes des sciences humaines*, Paris, Presses universitaires de France, 2003. Cité par Marie-Pierre FOURQUET-COURBET et Didier COURBET, « Analyse de la réception des messages médiatiques, Récits rétrospectifs et verbalisations concomitantes », *Communication et Langages, 09/* 2009.

rapport langue/parole/espace que celui du sens et des inférences sociolinguistiques présents dans le discours »[25].

C'est ainsi que le discours dépasse son rôle discursif pour se focaliser sur la « façon d'agir, dans et sur la société » et ainsi se donne une dimension pragmatique afin de convaincre et de fédérer à travers « la manière de dire et d'agir »[26].

25 Patrick CHARAUDEAU, *Discours politique : les masques du pouvoir*, Paris, Vuibert, 2005, cité par Abdenbi LACHKAR, « Discours politique, médias et représentations : quelle (s), stratégie(s) pour quel(s) effet(s) », *In*, Michaël ABECASSIS, Gudrun LEDEGEN (éd), *Les Voix des Français volume 1 : à travers l'histoire, l'école et la presse*, Berne, Peter Lang, 2010.

26 *Ibid.*

Chapitre III
L'analyse du discours médiatique, une analyse fondée sur l'interprétation géopolitique et sur les théories des Relations internationales

L'étude de la presse au sujet des conflits au Moyen-Orient, parfois très anciens, soulève souvent les polémiques. Le traitement médiatique privilégie dans ce cadre la géopolitique comme angle d'analyse. C'est le principal constat soulevé quand on étudie le discours médiatique sur les questions touchant la conflictualité au Moyen-Orient.

La naïveté du chercheur débutant le mène à vouloir définir le degré de partialité ou d'impartialité de la presse. Celui-ci se heurte très rapidement aux conclusions faites par les recherches dans le domaine de l'étude de la presse où il était établi que la presse ne peut être impartiale totalement, même si elle l'avait souhaité. La presse est déjà partiale ne serait-ce qu'en privilégiant des sujets et en choisissant leur orientation.

En conséquence, les efforts doivent être concentrés sur cette dernière notion qui est l'orientation thématique, fondée sur l'analyse sémantique, qui conduit à des conclusions différentes d'un organe de presse à un autre.

Pertinence de la presse écrite comme matériau d'étude et d'analyse scientifique

Yves-Marie COSSON écrit :

> Si, dans les domaines de la littérature et de la linguistique, le matériau de la recherche semble, de par sa nature même, susciter peu d'interrogations, etc. Il est courant d'entendre dans les milieux universitaires un discours de défiance à l'égard de la presse sous toutes ses formes, prise comme objet d'étude[27].

[27] Yves-Marie COSSON, « de la pertinence d'une presse nationale comme objet d'étude : l'exemple de la presse russe », *In* Annie ALLAIN, Marc GLADIEUX et

Il est tout à fait compréhensible qu'on ait autant de méfiance à l'égard de la presse. Le traitement médiatique n'analyse pas en profondeur les événements. Les résultats sont donc « trop superficiels pour être pris en considération »[28].

La subjectivité des journalistes et même de ceux qui étudient la presse mène les chercheurs à ne pas considérer cette dernière comme matériau légitime de recherche scientifique. D'autant plus, le chercheur met l'accent sur une approche empirique l'éloignant ainsi du cadre théorique qui est le plus souvent privilégiée dans les études universitaires.

Le manque de recul historique est une des critiques que le chercheur peut porter sur la couverture réalisée par la presse.

Il reste encore à régler la question de son indépendance à l'égard des pouvoirs économiques et politiques. « La question de la liberté d'expression est celle d'une objectivité fréquemment limitée par les pouvoirs politique et économique »[29]. Il est donc difficile pour les journalistes d'être totalement indépendants de ces deux pouvoirs.

La question qui se pose alors : quel est l'intérêt d'étudier la presse écrite quand on arrive à faire de tels constats et « objections » ? Malgré la pertinence de ces dernières, il reste très intéressant d'étudier l'orientation de la presse tout en évitant de juger de son impartialité/partialité et en évitant de chercher à prouver si le journaliste dit la vérité ou ment.

L'étude consisterait de ce fait « à choisir des articles tirés de journaux divers et portant sur des thèmes d'actualité ou des questions de société, pour en faire un commentaire visant à éclaircir les informations, à décrypter les événements complexes »[30].

Cette méthode consiste à repérer un nombre important de textes, d'articles ou reportages dans le cadre des études des médias, qui reflètent les phénomènes sociaux et politiques marquants. L'analyse de ces documents permet d'avoir une vue d'ensemble et de connaître les approches de chaque organe de presse concernant les thèmes traités. D'autant plus

---

François MALVEILLE (Ed), *Lecture(s) de l'actualité et paysages médiatiques : regards croisés sur l'international*, Centre de Gestion de L'Édition scientifique de Lille 3 (UL3), Lille, 2011, p. 13.

28 *Ibid.*

29 *Ibid.*, p. 14

30 *Ibid.*

que ces derniers sont aussi complexes, car ils portent sur les conflits au Moyen-Orient.

Ce travail doit permettre, en premier lieu, de créer une base de données statistique et une archive des articles d'un corpus donné.

En conséquence, le choix de la presse écrite aux dépens des autres formes d'information audiovisuelle peut avoir une importante considération : la presse écrite a plus de recul (chronologiquement par rapport à l'événement étudié). « Ce retard confère au journaliste un rôle spécifique à travers une réflexion ni immédiate, ni retardée sur l'actualité »[31].

Puis, le recul met en évidence le point de vue du journaliste et fait resurgir les nuances qu'on n'aurait pas soupçonnées ; un autre élément important dans l'analyse de la presse est de déceler s'il y a eu spécificité nationale dans le traitement médiatique des événements nationaux et internationaux, en l'occurrence au sujet des conflits moyen-orientaux.

L'étude d'articles/reportages de presse permet de percevoir l'orientation et la couleur politique des journaux étudiés et des intellectuels qui y ont contribué.

Il est très important de ne pas favoriser une sélection d'articles, à étudier, qui servent un intérêt spécifique ou une vision déjà faite de l'événement étudié, qui serait chargée de préjugés.

L'étude de presse concernant un événement se passant à l'étranger aboutit à l'utilisation d'une grille d'analyse qui n'est pas forcément précise, voire déséquilibrée (voir plus loin le point « lecture culturaliste des conflits »). Ce cas de figure est souvent remarqué quand il s'agit des faits se déroulant au Moyen-Orient. Ceci conduit le chercheur, consciemment ou inconsciemment, à faire des comparaisons entre sa propre culture et la culture des autres. Cela le conforte dans ses préjugés, notamment culturels.

L'objectivité de la presse est donc un concept critiquable, car le métier de journaliste comme le précise Jeanne JUBRAN KARAM dans son ouvrage مدخل إلى لغة الإعلام madḫal ʾila luġaẗi ʾal ʾiʿlām (introduction à la langue des médias), cette notion est une nécessité théorique et empirique dans les études des médias. L'objectivité doit s'opposer à la subjectivité et

[31] Yves-Marie COSSON prend comme exemple l'analyse faite par Andreï SINIAVSKI sur l'ancienne presse soviétique dans son ouvrage *Les fondements de la Civilisation soviétique*, sous son titre original en russe, *Osnovy Sovetskoï Tsivilisatsii*, Moskva, « Agraf » 2001, 460 p.

permet au journaliste, comme d'ailleurs aux chercheurs, de se délaisser de ses sentiments, de ses préjugés, de sa foi et de ses orientations personnelles. Il doit abandonner ses orientations politiques, intellectuelles, et sociales au moment où il rédige l'information. Pour y arriver, il se doit de questionner toutes les sources possibles, les vérifier et les comparer. Dans la presse, la ligne éditoriale, en plus des pressions possibles d'ordre politique et économique, ne permet pas un tel niveau d'objectivité[32]. Dans les médias, l'information est donnée de manière à pouvoir tirer des conclusions différentes d'un organe à l'autre. Le poids des pressions et de l'orientation politique, voire des intérêts économiques, déforme souvent l'information. En France le poids économique et l'orientation politique de l'organe de presse jouent un rôle dans l'objectivité/subjectivité de la presse. Dans le Monde arabe, il en va pratiquement de même ; l'orientation politique et les intérêts économiques s'agrègent à la pression politique qui peut émaner des États de la région.

Il est sûr aujourd'hui que la presse et les médias en général ont un poids qui n'est plus à démontrer. En effet, nombreuses sont les études établissant que le discours de la presse a des conséquences dans le cadre de l'influence faite sur les opinions publiques et les gouvernements. L'étude rigoureuse de la presse peut permettre de mesurer l'impact de cette dernière concernant les thèmes étudiés. « En fait, l'analyse de presse permet d'appréhender le supplément de sens que l'œil ou l'oreille de l'analyse n'a pas retenu au départ et lui dévoilera avec précision tout ce qui a finalement été dit, transmis, écrit et divulgué »[33].

L'approche géopolitique de l'analyse de presse

L'analyse du sujet, le conflit au Moyen-Orient dans le discours médiatique, impose, comme le suggère Yves LACOSTE[34], de tenir compte des « représentations » spatio-temporelles des antagonistes. Chacun des adversaires se « réfère aux situations et aux conflits antérieurs remontant à plus ou moins longtemps » et au choix sélectif des souvenirs « assortis

---

[32] Jeanne JUBRAN KARAM, مدخل إلى لغة الإعلام madẖal ʾila luġaẗi ʾal ʾiʿlām, Beyrouth, Dar al Jil, p., 151-153, 1992.

[33] Christian LERAY, l'analyse de contenu : de la théorie à la pratique, la méthode Morin-Chartier, Presse universitaire du Québec, Québec, 2008, P. 9.

[34] Yves LACOSTE (éd), dictionnaire de géopolitique, Flammarion, Paris, 1993, p. 28, 29.

de jugements de valeur ». Le protagoniste s'appuie « sur sa version de l'histoire, sur d'anciens tracés de frontières, sur des configurations spatiales dont le souvenir est entretenu ou non, selon les besoins de la cause ».

Dans ce cas de figure, c'est le « droit historique » qui se réfère aux « descriptions de géographie historique ». De la sorte, les représentations de chacun sautent les périodes que privilégie l'adversaire pour fonder son droit historique sur la géographie et sur le territoire du conflit. Dans le conflit israélo-palestinien à titre d'exemple, les Israéliens se réfèrent à l'histoire biblique pour imposer leurs droits sur la terre, alors que les Palestiniens choisissent celle de l'avant création d'Israël ou au moins l'avant 1967 et la guerre des Six Jours.

BOYER suggère, pour résoudre cette problématique de représentation, une démarche interculturelle qui permet l'intercompréhension et qui neutralise « l'hypothèse des représentations interculturelles figées »[35]. Pour lui, le discours médiatique, informatif, explicatif ou publicitaire, peut donner lieu à une représentation partagée et permet un accès plus facile aux représentations de l'autre. Il reconnaît néanmoins la difficulté de cette tâche. Cette dernière est une réalité dans le conflit israélo-palestinien. Chacun se crispe sur ses positions et sur sa représentation spatio-temporelle ce qui ne permet pas jusqu'à aujourd'hui la résolution du conflit.

À partir de là, il parait important de savoir que les discours et les représentations géopolitiques ne sont que l'œuvre de personnes ou de petits groupes qui les ont « formulés et inventés ». Même si, ultérieurement, ils se sont répandus et adoptés par une partie importante, voire majoritaire d'une nation. Aussi, l'analyse faite par les observateurs étrangers ne suppose pas nécessairement leur neutralité. D'un autre côté, les liens que peut entretenir l'analyste, de loin ou de près, avec un des protagonistes peuvent créer des relations/affinités sentimentales ou des concordances idéologiques. Ceux-ci peuvent, aussi, naître des « ressemblances qui [puissent] exister entre les problèmes d'États différents ». En revanche, le journaliste peut être objectif et impartial.

---

35 Henry BOYER, « L'incontournable paradigme des représentations partagées dans le traitement de la compétence culturelle en français langue étrangère », *in, Études de linguistique appliquée, Éla*, 2001/3-4 (n° 123-124).

Il faut impérativement rendre compte des complexités des interactions entre les représentations géopolitiques « plus ou moins subjectives et d'envergures variables, du local au planétaire ».

Déceler l'orientation thématique (thèmes abordés) doit être l'objectif principal du chercheur. Cela lui permet de cerner l'orientation du discours de la presse (dans le Monde arabe ou ailleurs) à partir des représentations géopolitiques[36] des acteurs sur le terrain de la façon la plus objective possible ; puis mettre en lumière la partialité ou l'impartialité de la presse envers l'un ou l'autre des protagonistes d'un conflit. Dans ce cas, la mesure de la partialité touche à la fois ce dernier sujet et aussi l'orientation thématique suivie par l'organe de presse. Les études des médias mettent en lumière des thématiques différentes selon les lignes éditoriales. Elles éclaircissent notamment les fondements idéologiques de ces derniers, de gauche, du centre ou de droite.

Approches méthodologiques suivies et résultats de codage

Les approches méthodologiques adoptées dans les études des médias au sujet des conflits au Moyen-Orient sont : l'approche empirique rattachée à l'analyse de contenu avec un relevé de la fréquence des thèmes (codage) (la méthode d'analyse de contenu est une technique rattachée à la sémantique qui est une branche de la linguistique), ainsi que d'une approche analytique qui, par l'analyse des thèmes, permet de répondre aux hypothèses posées en amont de la procédure de recherche. L'interprétation théorique des résultats de codage et d'analyse mène vers une interprétation fondée sur les théories des Relations internationales imbriquées avec les considérations géopolitiques du Moyen-Orient.

À cet effet, il est judicieux de créer des bases de données des corpus étudiés si on tient à accomplir une étude quantitative et qualitative. Cette base de données est une manière d'organiser les informations recueillies,

---

[36] Yves-Marie COSSON dans son article, *« de la pertinence d'une presse nationale comme objet d'étude : l'exemple de la presse russe »*, revue, éditions du conseil scientifique de l'université Lille 3, sous le titre lecture(s) de l'actualité et paysages médiatiques : regards croisés sur l'international, p. 19. Yves-Marie COSSON cite Yves LACOSTE, Dictionnaire de Géopolitique, Paris, Flammarion, 1995.

notamment les thèmes, et d'y accéder rapidement quand le moment de rédiger arrive.

Plusieurs constats majeurs sont faits sur la couverture faite par la presse des conflits au Moyen-Orient :

1er constat : la presse ne donne pas la même importance aux conflits.

2e constat : des divergences d'opinions ou des nuances apparaissent dans le traitement médiatique malgré l'orientation éditoriale et politique. Cette hypothèse n'est pas spécifique au conflit au Moyen-Orient. En revanche, certains organes de presse permettent plus que d'autres la divergence d'opinions.

3e constat : les organes de presse privilégient certains thèmes par rapport à d'autres selon leurs lignes éditoriales. Certains privilégient les questions de Relations internationales, d'autres de politique intérieure, d'autres les questions religieuses et d'autres les questions sociales, etc.

Cela dit, les organes de presse explorent pratiquement les mêmes thèmes, mais avec des fréquences différentes.

4e constat : l'une des caractéristiques importantes de la couverture médiatique est l'immixtion des points de vue dans l'information. La presse mêle parfois les articles d'information et ceux d'opinion, et les journalistes y mettent souvent en évidence leurs prises de position. Cette démarche pose la question de la vraie nature de la presse d'information : est-ce que la presse est vraiment une « presse d'information » ? Une « presse d'opinion » ? Ou les deux en même temps ?

Les questions de géopolitique, de Relations internationales et de l'action des États et des organisations non étatiques sont mises en évidence par le discours médiatique. Partant de l'analyse quantitative, les choix, géopolitiques et de Relations internationales, sont privilégiés par les médias. Cette démarche a notamment l'objectif de mettre l'accent sur les États les plus actifs lors des conflits. Néanmoins, l'analyse qualitative doit intégrer l'ensemble des thèmes recensés pour être la plus exhaustive possible : il s'agit principalement lors des conflits au Moyen-Orient des thèmes comme « aspects humanitaires », du « rôle des O.N.G. », « les questions économiques », « les questions énergétiques », « les questions culturelles », « le poids et les comparaisons historiques », « les destructions et les reconstructions », etc. Ce sont des thèmes qui reviennent dans tous les conflits dans la région.

Le nombre important de thèmes abordés dans la presse, sélection fondée sur la fréquence et perspectives

Un des constats principaux quand on étudie le discours médiatique au sujet des conflits au Moyen-Orient est le nombre élevé des thèmes abordés. Cette caractéristique des études de presse demande des moyens élevés en temps, en personnes et en finances pour tenir les objectifs de la recherche, ce qui impose de faire des choix thématiques justifiables.

Pour être impartial, il faut privilégier de travailler sur les thèmes liés à la géopolitique et aux Relations internationales parce qu'ils sont les plus fréquents dans le discours médiatique. C'est aussi pour garder une certaine homogénéité des thèmes afin d'éviter de faire appel à des disciplines et à des concepts théoriques non maîtrisés. En effet, une partie de la couverture médiatique aurait pu être analysée en faisant référence à des domaines scientifiques différents tels que la sociologie, la psychologie, psychanalyse, etc.

Une analyse fondée sur la sémantique (thèmes abordés) suivie d'une interprétation géopolitique et des Relations internationales parait la plus pertinente.

Une analyse médiatique ne doit pas prétendre par conséquent au caractère exhaustif ; elle n'aborde pas tous les thèmes recensés dans la phase de l'analyse quantitative (phase de codage) et n'étudie pas son contenu en faisant référence à toutes les disciplines mobilisées dans ce genre de travaux. L'analyse qualitative peut éventuellement laisser une part importante de la base de données ouverte à de futures analyses. En ce sens, de nombreux possibles restent à exploiter afin de développer de nouvelles pistes de recherche.

À la suite du codage viennent l'analyse qualitative et l'interprétation théorique

Lecture culturaliste des conflits

Qu'est-ce qu'une lecture culturaliste ?

Une lecture culturaliste tente d'expliquer les phénomènes par la culture (religion, traditions, etc.). Elle est donc immuable et vue souvent comme non pragmatique. Dans le domaine anthropologique, cette notion « a été à l'origine de nombreux débats qui ont mené à une scission objective entre les partisans de l'évolutionnisme et du culturalisme ». Le culturalisme « correspond en effet à une inscription, dans l'espace et le temps, de référence et d'outils, qui permettront de répondre à des sollicitations ». Si le culturalisme peut aider à répondre rapidement aux besoins, il peut conduire à une interprétation hâtive des agissements d'une personne ou surtout d'une société[37].

La perception des belligérants fondée sur une lecture culturaliste du conflit, exemple du conflit israélo-palestinien

L'analyse de la presse française lors du conflit à Gaza 2008-2009 est un cas pertinent de lecture culturaliste des belligérants. Cette dernière est très différente selon que l'on parle du Hamas ou d'Israël. Le premier est le plus souvent vu à travers du prisme du radicalisme religieux et politique. Il est dépourvu d'humanité. Ce regard est maintenu du début à la fin de la guerre sans évolution. Néanmoins, une partie des journalistes explique ce conflit en renvoyant à d'autres références que ces aspects culturels figés du parti palestinien.

L'image d'Israël évolue dans certains organes de presse comme *Libération* et *Le Monde.* Ces deux quotidiens passent du soutien au « droit d'Israël à se défendre » à une sévère critique de la « disproportion de l'attaque » et « l'insensibilité » du gouvernement israélien. Simultanément, *Le Figaro* persiste à soutenir ce même droit jusqu'à la fin de la guerre. Du côté de la presse arabe, l'image d'Israël reste figée. Tous les organes de presse dans le Monde arabe, comme *Al-quds Al-arabi, Al Hayat, Al Jazzera* ou encore *Al Arabia,* maintiennent une sévère critique à l'égard des agissements du gouvernement israéliens[38].

Dans la presse en France, le thème « Israël » est traité dans deux domaines : l'aspect militaire (objectifs, évolution, résultats, craintes des

---

37 Philippe ROZIN, « Le concept de culturalisme dans les sciences anthropologiques : de Tylor à Lowie », *Le Philosophoire,* N27, 02/2006, https://www.cairn.info/revue-le-philosophoire-2006-2-page-151.htm, consulté le 17/04/2020.

38 FARDJAOUI Boualem, « Le Conflit à Gaza 2008-2009 dans la presse, une approche culturaliste, cas de *Al-quds Al-arabi* et du *Monde* », In, FARDJAOUI Boualem éd, *Éloge de la pluridisciplinarité, Arabia,* http://arabia-revue.com/wp-content/uplo ads/2016/11/Le-Conf lit-%C3%A0-Gaza-2008-2009-dans-la-pre sse-une-appro che-cultu rali ste-%C3%A9t ude-comp arat ive-entre-Le-Monde-et-Al-quds-Al-arabi-1.pdf, janvier 2017.

conséquences négatives sur Israël et sur Gaza, référence à la guerre du Liban Sud de l'été 2006[39]) et l'insensibilité et/ou la sensibilité de son gouvernement, voire celles de la société israélienne.

La lecture culturaliste du conflit, choisie par les mêmes quotidiens, notamment à propos des Palestiniens et du Hamas, serait traditionnelle en Occident et résulterait selon Edward SAÏD d'une incompréhension répandue, voulue ou non, du monde arabe[40]. SAÏD soutient que cette « incompréhension » provient de l'orientalisme[41] qui établit une distinction épistémologique et ontologique entre l'Orient et l'Occident, même en adoptant une analyse fondée sur des préjugés conduisant à des interprétations erronées[42]. Ces médias ont tendance à relier l'actualité aux aspects religieux du Moyen-Orient. Ils établissent à titre d'exemple un lien entre le Hamas et l'Iran en mettant en avant leur proximité religieuse ou en rattachant Israël à l'Occident et à la démocratie. Cela se fait tout en distinguant l'islamisme radical des valeurs démocratiques occidentales. Cependant, certaines voix essaient d'expliquer le conflit à Gaza avec d'autres références que la religion ou la culture.

Les médias peuvent être ainsi l'expression des différences culturelles et civilisationnelles.

Les grandes aires culturelles caractérisées par la domination d'une religion, d'une langue ou d'un mode de vie continuent à influencer les mutations géopolitiques/et *vice versa*. Il s'agit à proprement parler des civilisations. Philippe BOULANGER divise ces civilisations en neuf aires ; « occidentale, latino-américaine, slave, africaine, arabe, indienne, asiatique du Sud-est, extrême-orientale et océanienne ». Il retient en cela

---

39 Voir comment le conflit du Liban Sud de 2006 fut médiatisé, Lynne FRANJIE, « La Médiatisation des conflits contemporains, de la guerre du Golfe (1990-1991) à la Guerre du Liban (2006) », *Cahier d'histoire immédiate*, N° 45, 2014.

40 Edward SAÏD est né à Jérusalem le 1er novembre 1935 et mort à New York le 25 septembre 2003. Il était un théoricien littéraire, un critique et un intellectuel palestino-américain.

41 L'orientalisme est un mouvement intellectuel, littéraire et artistique du XIXe siècle. Il est à l'origine de nombreuses représentations que les Européens attribuent aux Orientaux et au monde arabo-musulman.

42 Edward SAÏD, « Orientalism : a Brief Definition », *postcolonialweb.org*, http://www.postcolonialweb.org/poldiscourse/pol11.html, reconsulté par moi-même le 28/03/2014. De son livre : *Orientalism*, New York : Vintage, 1979, cité par Marc HECKER, *La Presse française et la première guerre du Golfe*, Paris, L'Harmattan, 2003, p. 57.

la définition de Fernand BRAUDEL[43] de civilisations construites autour de « l'économie, l'espace, la société, les mentalités collectives, la continuité »[44]. Quant à Samuel HUNTINGTON, il retient les civilisations suivantes : chinoise, japonaise, hindoue, bouddhiste, orthodoxe, musulmane, occidentale, africaine, latino-américaine. Cette division correspond bien à la pensée politique des néoconservateurs américains après la guerre froide qui met en avant les rivalités entre civilisations fondées sur une conception historique et sur une approche de la puissance à l'échelle mondiale. Les médias internationaux sont représentatifs de cette distinction géopolitique et la maîtrise de la communication et de l'information devient un enjeu stratégique pour les États. La géopolitique des médias illustre la diplomatie d'influence/diplomatie publique menée par ces derniers. Dans ce cadre, les médias deviennent des supports de « séduction sur la scène internationale » pour les États afin de se donner une image respectable ou même de ternir celles d'autres États.

Comme dit plus haut, cette lecture culturaliste du conflit n'est pas partagée par tous les contributeurs des journaux français. La mauvaise image du Hamas est nuancée par certains, comme dans *Le Monde* et *Libération*. Quelques articles estiment que le Hamas peut adopter une approche pragmatique qui admet le principe de la négociation. D'autres estiment que le parti palestinien cherche à établir un État palestinien dans les frontières de 1967, ce qui est perçu comme une reconnaissance implicite d'Israël, en conformité avec le Droit international et les décisions des Nations unies[45]. Pour équilibrer les points de vue dans la couverture médiatique, la presse étudiée en France fait appel à des intervenants extérieurs pour analyser les faits. Cependant, malgré cette multiplication des références pro-israéliennes ou pro-palestiniennes, cela ne parvient pas à neutraliser la controverse entourant le sujet[46].

---

43 Fernand BRAUDEL, *Grammaire des civilisations*, Paris, Grand Livre Du Mois, 1998, cité par Philippe BOULANGER, *Géopolitique des médias : acteurs, rivalités et conflits*, Paris, Armand Colin, 2014, p. 163.

44 Philippe BOULANGER, *Géopolitique des médias : acteurs, rivalités et conflits*, Paris, Armand Colin, 2014, p. 163, 164.

45 Voir pour plus de détails sur le corpus étudié et son contenu : FARDJAOUI Boualem, *Le conflit à Gaza de 2008 – 2009 dans le discours médiatique, quand la guerre devient une affaire de géopolitique mondiale*, Paris, L'Harmattan, 2017, p. 27-63.

46 Grégory PIET, Sophie WINTGENS et David STANS, *La Guerre à Gaza, de l'analyse du discours médiatique à l'analyse politologique, l'État et les relations internationales en question*, Bruxelles, P.I.E. Peter Lang, p. 210.

De la lecture culturaliste à la lecture géopolitique il n'y a qu'un pas

La manière dont les médias couvrent les conflits, même les plus localisés géographiquement, tend à les présenter comme des conflits régionaux voire internationaux. Les acteurs principaux ne sont qu'une partie de l'équation. D'autres intervenants donnent aux conflits une dimension internationale qu'il faut étudier sur la base d'une compréhension géopolitique mondiale et d'une imbrication dans les Relations internationales par le biais de l'intégration des intérêts des États ; Lors du conflit à Gaza de 2008-2009 des pays du monde entier interviennent diplomatiquement : Iran, Égypte, pays arabes, pays européens, pays américains, pays sud-Américains et asiatiques. La presse considère que la solution ne peut venir que d'acteurs étrangers au conflit lui-même, comme l'ONU, l'Égypte et l'Europe, parfois en collaboration avec des pays arabes, avec l'Iran ou même avec la Turquie. Mais, la presse avait la certitude que la résolution finale du conflit entre Israéliens et Palestiniens ne peut venir que de l'hyperpuissance américaine qui était restée à l'écart et attentiste.

Avec l'internationalisation du conflit, la presse met en cause l'Iran et lie son action à celle des États-Unis vus comme partiaux en faveur d'Israël. Elle s'interroge sur le succès de la médiation égyptienne et française, une médiation vue comme intéressée et partiale en faveur de l'Autorité palestinienne et en défaveur du Hamas.

Une dimension supplémentaire s'ajoute dans la couverture géopolitique du conflit qui est la dimension historique afin de prophétiser les conséquences politiques du conflit. La presse fait le parallèle avec le conflit de 2006 au Liban-Sud, interprété comme une victoire pour le Hezbollah. Le conflit à Gaza d'alors, comme les autres conflits dans ce territoire, suscite une inquiétude, celle de la répétition du même scénario contre le Hamas et ce malgré la disparité des forces entre le parti palestinien et le Hezbollah (différence qu'affirment la presse). La peur d'une hypothétique victoire du Hamas dépasse le conflit lui-même. Celle-ci renforcerait, pour une partie de la presse, l'islamisme radical (organisations et États) dans la région, et menacerait les États « modérés », et donc les intérêts occidentaux et renforcerait l'influence iranienne.

Si on compare l'attitude du *Monde* et *Al-quds Al-arabi*, au sujet du même conflit à Gaza, nous remarquerons que les deux organes de presse ont une approche culturaliste du conflit[47]. Le choix du quotidien londonien *Al-quds Al-arabi* est lié aux caractéristiques qu'il partage avec le journal français ou qui les séparent : respectivement « l'indépendance » et la « partialité ». Le quotidien était connu alors pour avoir des positions souvent très virulentes contre les politiques arabes intérieures ou extérieures et est indépendant de tout pouvoir dans sa ligne éditoriale. Il était critique, même, par rapport à l'OLP (Organisation de Libération de Palestine) et l'AP (Autorité palestinienne) et ses dirigeants y compris lors de ce conflit de 2008-2009. Le choix de ce journal est donc lié à deux de ses caractéristiques, l'indépendance et la représentativité dans l'opinion publique dans les pays arabes.

Sur la base des caractéristiques des deux journaux, il est plutôt aisé de déterminer comment ils jugent les deux belligérants du confit ; leurs positionnements sont presque diamétralement opposés. Comme dit précédemment, l'image du Hamas est négative dans *Le Monde*, mais avec des nuances dans certains articles qui mettent en avant un certain pragmatisme du parti palestinien.

Quant au quotidien *Al-quds Al-arabi,* bien que laïc, il considère le parti islamiste Hamas comme un mouvement de résistance légitime qui se bat pour la liberté de son peuple.

Si *Le Monde* ne donne pas la parole aux représentants ou aux défenseurs du Hamas, *Al-quds Al-arabi* s'érige en défenseur du parti palestinien qui représente la « résistance » abandonnée par le Fatah, l'OLP et l'AP.

L'image d'Israël est évolutive dans *Le Monde* (d'un soutien aux droits de « défense » et de « riposte » à une critique acerbe du comportement du gouvernement israélien lors de ce conflit : riposte disproportionnée, nombre élevé de morts, destructions massives, inhumanité).

Dans le quotidien arabe, on l'imagine bien, l'image d'Israël n'évolue pas. Elle est négative tout au long du conflit. Le journal consacre en revanche une page tous les jours à la traduction d'articles de journaux israéliens de différentes tendances.

---

47 FARDJAOUI Boualem, « Le Conflit à Gaza 2008-2009 dans la presse, une approche culturaliste, cas de *Al-quds Al-arabi* et du *Monde* », In, FARDJAOUI Boualem éd, *Éloge de la pluridisciplinarité*, *Arabia*, http://arabia-revue.com/wp-content/uplo ads/2016/11/Le-Conflit-%C3%A0-Gaza-2008-2009-dans-la-pre sse-une-appro che-cultu rali ste-%C3%A9t ude-comp arat ive-entre-Le-Monde-et-Al-quds-Al-arabi-1.pdf, janvier 2017.

Le positionnement du journal est le suivant : il est très hostile au gouvernement israélien, très critique envers l'action de la « Communauté internationale » qu'il considère comme partiale en faveur d'Israël. Mais plus que tout, le quotidien condamne l'action des États arabes et de certains organes de presse, surtout égyptiens. Il consacre la quasi-totalité de ses éditoriaux à cette critique.

Les deux journaux partagent néanmoins plusieurs conclusions :

- Israël n'a pas atteint ses objectifs.
- L'Égypte a perdu sa place de meneur de négociations privilégié.
- Les Américains et Israéliens ont eu du mépris aux efforts consentis par les Égyptiens quand ils signent un accord sécuritaire sur les frontières sans les consulter.
- Les États-Unis et Israël méprisent les efforts de l'Égypte pour arriver à une solution négociée.
- L'Autorité palestinienne est fragilisée, marginalisée et perd le soutien des Palestiniens, des Arabes et des musulmans.
- Les négociations de paix s'effondrent à cause de ce conflit.
- Les pays arabes dits « modérés » reçoivent « un coup douloureux dans leur crédibilité, ou dans ce qui reste, devant leurs citoyens », lorsqu'ils fuient leurs responsabilités. Ils se montrent comme les associés de « l'agression » israélienne. La Ligue arabe joue un double jeu et s'alignent sur les positions des pays arabes dits « modérés ».[48]

L'une des caractéristiques importantes de la couverture des deux journaux est l'intervention des points de vue dans l'information. Il n'y a pas une distinction nette entre les articles d'information et ceux d'opinion. De cette manière, les journalistes expriment souvent leur prise de position. Sur ce point, tous les organes de presse, français ou arabes, sont concernés avec plus ou moins de partialité.

Les deux journaux comme tous les autres organes de presse étudiés au sujet du même conflit – selon les conclusions de Abdelasiem EL DIFRAOUI sur la presse en général- mettent l'accent exclusivement sur « une actualité forte » ou sur un temps médiatique fort, ce qui conduit à la polarisation des thèmes et des opinions. Les deux journaux ne remettent

[48] 'abdel Barî 'ATWAN (éditorial), « Les gagnants et les perdants dans la guerre de Gaza », *Al-quds Al-arabi,* 19/01/2009.

pas les événements en perspective[49]. La couverture du journal palestinien était plus marquée par cette polarisation. Il a consacré la quasi-totalité de sa couverture au conflit. Lors de la première semaine du conflit, il n'a consacré qu'un article par jour à un autre sujet. Dans *Le monde* en revanche le conflit a pris entre 0 % et 14,13 % du contenu du journal.

Cette différence dans l'intensité de la couverture est compréhensible dans le sens où le journal panarabe est palestinien et concerné directement par le conflit, alors que l'intensité de la couverture faite par le journal français est avant tout liée à sa qualité de référence internationale qui s'intéresse naturellement aux questions de politique à l'échelle globale.

Une interprétation géopolitique fondée sur les théories des Relations internationales

Deux approches des Relations internationales s'affrontent toujours lors de la couverture médiatique des conflits au Moyen-Orient : l'approche réaliste ou rationaliste et l'approche idéaliste ou libérale. La couverture de la presse omet une partie importante des autres théories des Relations internationales : « perspective transnationaliste », les « analyses marxistes », les « approches radicales » et le « projet constructiviste » (qui est la 3e approche la plus importante parmi théories des Relations internationales selon Manon-Nour TANNOUS et Xavier PACREAU[50]). Toutes ces théories sont développées par Dario BATTISTELA dans son ouvrage *Théorie des Relations internationales.*

Il est notamment rare depuis l'émancipation des Relations internationales des champs historiques et de droit international, voici une cinquantaine d'années, de trouver des références ou des études qui ne considèrent pas cette discipline sous ses angles thématiques traditionnels qui sont

---

49 C'est une constatation faite sur le conflit israélo-palestinien, notamment par Abdelasiem EL DIFRAOUI (journaliste et chercheur germano-égyptien) qui pense que le journaliste a « un devoir, celui de « contextualiser » », Assia LABBAS, « Le Conflit israélo-palestinien n'intéresse personne », *BondyBlog.fr*, 12/11/2014. http://www.bondyblog.fr/201411120001/le-conflit-israelo-palestinien-ninteresse- personne/#.VGR2ZfmG965, consulté le 17/11/2014.

50 Manon-Nour TANNOUS – Xavier PACREAU, *Les relations internationales*, Paris, La Documentation française, 2020. Voir notamment : non cité, « Quelles sont les grandes théories en matière de relations internationales ? », *Vie-publique.fr*, 23/08/2019, https://www.vie-publique.fr/fiches/269844-theories-relations-internationales-realiste-liberale-constructiviste, consulté le 02/04/2020.

« l'équilibre des puissances » et « la sécurité internationale » entre autres, voire ses angles sectoriels comme dans le cadre de « l'économie internationale » ou de la « politique étrangère ». Il est plutôt rare de trouver des études faites à partir de l'angle théorique.[51]

Les théories des Relations internationales retenues par la presse

La première remarque qui apparaît quand on essaie de comprendre le contenu de ces théories des Relations internationales est l'interprétation différente d'un chercheur à l'autre. Mes études des médias retiennent les théories présentées par Dario BATTISTELA[52] et écartent celle de Manon-Nour TANNOUS et Xavier PACREAU. Ce choix qui est dicté par l'orientation des médias eux-mêmes n'enlève rien à la pertinence des théories présentées par ces derniers.

Les approches théoriques retenues donc par la presse sont au nombre de deux : l'approche réaliste/rationaliste/pragmatique et l'approche idéaliste/libérale.

Implication des théories des Relations internationales retenues dans la couverture médiatique des conflits au Moyen-Orient

Les théories des Relations internationales viennent nous éclairer sur les fondements idéologiques de l'action des États impliqués directement ou indirectement dans le conflit ; l'action de certains acteurs principaux impliqués, comme l'Europe, l'Égypte, et parfois même l'Iran selon de rares journalistes est dictée par une approche réaliste (rationaliste[53]) des Relations internationales. Elle favorise le dialogue et le partage des intérêts entre États. Cependant, l'action des États-Unis a évolué. Elle est jugée différemment selon l'administration en place et selon le sujet. Globalement, l'action de l'administration de George W.BUSH et celle de Donald TRUMP serait issue de l'adoption de la théorie libérale (ou

---

[51] Emmanuel-Pierre GUITTET et Amandine SCHERRER, « Panorama des théories des Relations Internationales. Contester pour innover ? », *Cultures & Conflits* n°68/, hiver 2007, 18/04/2008, http://journals.openedition.org/conflits/6943, consulté le 02/04/2020.

[52] Dario BATTISTELA, *Théorie des relations internationales*, Paris, SciencesPo. Les Presses, 2012

[53] Voir pour cette approche Dario BATTISTELA, *Théorie des relations internationales*, Paris, SciencesPo. Les Presses, 2012, p. 127-178.

néolibérale)[54] des Relations internationales qui est une approche idéaliste et une posture jugée comme idéologique et rigide. Elle exclut tous les acteurs non désirables, étatiques ou non étatiques, de la résolution des conflits.

L'implication de l'administration américaine lors de ces deux présidences serait dictée par l'idéal démocratique. Le projet du Grand Moyen-Orient démocratique (de George W.BUSH), puis le projet Deal du siècle (de TRUMP) peuvent déterminer en partie, dans le cadre du conflit israélo-palestinien, le soutien à Israël jugé démocratique contre ses ennemis jugés non démocratiques. La presse met notamment en exergue le rôle des lobbies pro-israéliens aux États-Unis pour expliquer le soutien à Israël. L'action d'Israël est interprétée selon cette dernière approche. Elle résulterait de la politique de la force qui conduit à chercher la sécurité dans un contexte international privé d'autorité suprême (donc anarchique) qui impose l'ordre, l'ONU n'ayant qu'un rôle humanitaire dans de ce conflit. Ce qui réduit considérablement la marge de manœuvre de l'institution internationale et des autres institutions régionales. La logique nationale aux États-Unis et en Israël (les élections) l'emporte sur la logique du donnant-donnant des négociations. Les candidats à la présidence aux États-Unis devraient selon cette approche montrer un soutien indéfectible à Israël. Quant aux gouvernements israéliens, celui qui fait des concessions risque de perdre le soutien populaire et par conséquent les élections. Ceci montre en revanche un certain pragmatisme dans la pratique de la politique, mais seulement à l'échelle nationale.

L'action des États impliqués, les tensions entre eux, ainsi que le contexte général des conflits montrent, selon la couverture médiatique, que chacun cherche à imposer ses intérêts par sa puissance qui est de différents ordres, militaires, diplomatiques, économiques, etc. Cela vient corroborer la citation de Reinhold NIEBUHR[55], « La politique est condamnée à consister en une lutte pour la puissance » (qui a comme origine la nature humaine)[56]. Cela s'applique particulièrement à l'analyse

---

[54] *Ibid,* p. 179-216.

[55] Reinhold NIEBUHR (21 juin 1892 – 1er juin 1971) était un théologien protestant américain. Il a étudié les relations entre la foi (chrétienne) et la réalité de la politique moderne et de la diplomatie.

[56] Michael Joseph SMITH, *Realist Thought From WEBER To KISSINGER,* Bâton Rouge (La.), Louisiana State University Presse, 1986, p. 107, cité par Dario

des conflits, de leur géopolitique et des Relations internationales pendant ces périodes.

Hans Joachim MORGENTHAU[57] estime que l'approche réaliste des Relations internationales « préserve de l'excès moral », dont celui des néoconservateurs américains, et de la « folie politique »[58] ; dans l'action diplomatique, la puissance des uns « tend nécessairement à être équilibrée par celle des autres, d'où un équilibre des puissances général entre États ». Cependant, cette théorie de l'équilibre ne se confirme pas toujours, car il n'y a pas véritablement un équilibre des forces entre les belligérants ou entre les États impliqués d'une manière directe ou indirecte. Néanmoins, il est constaté un équilibre précaire créé par les négociations, mais celui-ci demeure temporaire. Les conflits à Gaza de 2008-2009, de 2014 et de 2020 corroborent cette réalité du conflit israélo-palestinien. Israël cherche, selon la presse, le maintien du *statu quo* au sujet du blocus et l'affaiblissement du Hamas qui détient le pouvoir dans ce territoire. Dans ce dernier cas, l'affaiblissement du parti palestinien a pour objectif de faire évoluer la situation en faveur d'Israël. Tandis que le parti palestinien s'efforce de changer la donne en vue d'ouvrir la frontière et de gagner la reconnaissance internationale.

Les conflits ont une dimension autre que celle de la politique : les partisans d'Israël dans la presse en France soulignent la dimension religieuse, voire l'enjeu de civilisation suivant ainsi les théories de Samuel HUNTINGTON qui préconisait dans son livre controversé *Le choc des civilisations* que le conflit trouve ses fondements dans l'opposition entre l'Occident et l'Orient, entre le christianisme et l'islam, entre deux modèles de civilisation qui se confrontent depuis presque 15 siècles. Le conflit israélo- palestinien n'est qu'une continuité d'un conflit qui dure depuis 15 siècles dans une forme nouvelle de guerre contre le radicalisme islamiste. Il insiste sur un conflit entre le « nous » et le « eux », une vision binaire des Relations internationales qui serait dictée à la fois par les

---

BATTISTELA, *Théorie des relations internationales*, Paris, SciencesPo. Les Presses, 2012, p. 131.

57 Hans Joachim MORGENTHAU (17 février 1904 – 19 juillet 1980) était un politologue et juriste américain. Il est parmi les fondateurs de l'école réaliste des Relations internationales.

58 Hans Joachim MORGENTHAU, *Politics Among Nations, The Struggle for Power and Peace*, New York, McGraw-Hill, 1985, p. 13, cité par Dario BATTISTELA, *Théorie des relations internationales*, Paris, Sciences Po. Les Presses, 2012, p. 135.

ressemblances et les différences des deux religions[59]. C'est une vision néo-libérale fondée sur la théorie des Relations internationales du même nom et adoptée par les administrations américaines républicaines depuis, au moins, la présidence de Donald REAGAN entre 1981 et 1989. Il considère notamment que l'hostilité envers l'Occident dépasse l'extrémisme musulman et est aussi l'apanage de ses propres alliés dans la région. Les intellectuels de cette dernière, y compris les plus démocrates, considèrent que le matérialisme et l'impérialisme, vus comme deux principaux caractères de la civilisation occidentale, ont engendré le colonialisme et la domination politique, économique et culturelle sur la région[60].

La question palestinienne, pour une autre partie des journalistes en France, semble en tout cas le dossier prioritaire à régler pour l'avènement d'un Proche-Orient pacifié. Une autre partie pense que la presse lui donne trop de place et ne le considère pas comme central à la pacification de la région.

Une interprétation géopolitique fondée sur l'analyse sectorielle

L'analyse sectorielle est une des caractéristiques de la couverture médiatique des conflits au Moyen-Orient de manière générale. L'impact de ces derniers est vu sous différents angles :

- Les politiques étrangères des États.
- Les politiques intérieures des États.
- L'économie, nationale ou internationale.

Les États impliqués de la région, impacts des conflits sur les politiques intérieures et extérieures

Une des caractéristiques importantes de la couverture faite par la presse des conflits au Moyen-Orient est fondée sur des considérations « sectorielles » où la question de la pratique politique à l'échelle nationale et à l'échelle internationale est intimement liée aux conflits eux-mêmes. Ces thématiques ont pris une part importante des efforts des médias.

---

59 Samuel HUNTINGTON, *Ṣidām ʾal ḥadārāt wa ʾiʿādī binā ʾ ʾlniẒām ʾlʾālamī*, traduit à l'Arabe par MālK ʿabīd ʾbū Šahawiya et Mahmūd Muhammad Ḫālaf, Benghazi, ʾal Dar ʾal Ǧamāhiriya, 1999, p. 370-374.

60 *Ibid*, p. 377.

Les conflits au Moyen-Orient en général jouent un rôle essentiel dans la définition de l'orientation des politiques intérieures comme extérieures des États de la région, notamment les plus impliqués dans ces conflits.

Les émanations des conflits sur certains pays de la région, en particulier l'Iran et l'Égypte, donnent l'impression que ces conflits, bien que restreints géographiquement, sont régionaux. L'intervention par le jeu des alliances et des intérêts communs des puissances étrangères notamment l'Europe et les États-Unis, lui donne un caractère international. C'est un constat applicable aux guerres israélo-arabes, aux guerres du Golfe ou à la guerre contre le terrorisme.

Tous les conflits actuels paraissent comme une confrontation entre l'Iran d'un côté et les États-Unis et leurs alliés de l'autre. L'action diplomatique iranienne, via leur soutien au Hamas ou au Hezbollah par exemple a plusieurs objectifs : le plus important est de rompre l'isolement de l'Iran sur la scène régionale arabe et musulmane et de s'imposer dans « la rue arabe » pour faire pression sur les gouvernements de ces pays. C'est aussi pour étendre son influence et déstabiliser les régimes arabes[61]. Le nucléaire iranien est un sujet principal malgré son éloignement visible des guerres. Ce dossier exacerbe l'hostilité de l'administration américaine et le nationalisme iranien. Il est en tout cas admis que le nucléaire est un des principaux dossiers qui causent l'éviction de l'Iran de la scène internationale.

La presse enferme la question du nucléaire iranien dans une perspective géopolitique et géostratégique conventionnelle liée aux thématiques de guerre, de rapports de forces, de domination régionale, de sanctions économiques, de dimension religieuse et de pressions internationales. Elle néglige en revanche d'autres dimensions de la géopolitique liée à l'écologie, à l'économie mondiale et à la société.

---

[61] *Le Monde diplomatique*, sous la plume d'Alastair CROOKE, pense que l'idée que l'Iran est un soutien au Hamas sert la vision israélienne qui consiste à rendre crédible la menace du Hamas. Cette dernière n'est plausible qu'en liant le parti palestinien à un État comme l'Iran. Sans ce type d'alliance, il est difficile de persuader le monde de sa dangerosité réelle pour l'existence d'Israël. En somme, la peur de l'axe Iran, Syrie, Hezbollah et Hamas, fondé sur le radicalisme et l'islamisme, fait partie d'une logique médiatico-politique israélo-américaine pour justifier leur hostilité envers ces États et organisations.

Les sanctions contre l'Iran et la volonté de la « Communauté internationale » de l'empêcher de développer un programme nucléaire militaire peuvent être perçues comme déséquilibrées.

Pour Olivier ROY, en revanche, l'objectif premier du nucléaire iranien est l'effet de dissuasion. Pour lui, le danger n'est pas l'arme nucléaire, mais plutôt le régime qui peut l'utiliser dans le cas où le pouvoir passe entre les mains de radicaux. Ceux-là, profitant de l'effet de dissuasion, permettraient à l'Iran d'abriter des groupes terroristes.

À l'échelle interne, le consensus autour du nucléaire en Iran est une certitude pour la presse opposée à l'Iran d'où l'intérêt que lui portent les politiciens iraniens. Ce dossier est un vecteur d'unité nationale et de nationalisme.

Les conflits régionaux ont un impact certain sur la politique intérieure du pays, notamment dans le discours politique et médiatique en Iran. Les conflits sont instrumentalisés en interne pour dissimuler l'incapacité des gouvernements iraniens à répondre aux attentes économiques, sociales et politiques du peuple. La guerre est aussi utilisée à des fins électoralistes comme lors de l'élection présidentielle du 12 juin 2009 remportée par le président sortant Mahmoud AHMADINEJAD.

L'action diplomatique iranienne bien qu'elle paraisse parfois essentielle, car influente sur certains acteurs non étatiques (le Hamas et le Hezbollah), est refusée par les administrations américaines, notamment de George W.BUSH et de Donald TRUMP. Ces derniers excluent d'intégrer l'Iran dans les discussions de paix au Moyen-Orient. L'arrivée au pouvoir de Barack OBAMA, élu le 4 novembre 2008 (rentré en fonction le 20 janvier 2009), assouplit les positions américaines vis-à-vis de l'Iran. L'arrivée, plus tard, au pouvoir de Hassan ROHANI en Iran, élu le 14 juin 2013 (il rentre en fonction le 4 août 2013), ouvre les portes du dialogue entre les deux pays et dissipe le raidissement des positions idéologiques des précédents gouvernements des deux États. Mais l'administration américaine de Donald TRUMP, élu le 8 novembre 2016 (il rentre en fonction le 20 janvier 2017) renoue avec l'isolement de l'Iran.

La presse iranienne réformatrice ou conservatrice, participe à l'effervescence populaire. Cependant, la presse conservatrice a pour objectif de faire taire l'opposition selon les organes de presse opposés à l'Iran. Sur le plan international, cette même presse reste consciente de l'intérêt géopolitique de l'Iran qu'il faut préserver. La presse iranienne, surtout conservatrice, condamne la passivité de certains pays arabes, toujours dans un objectif géostratégique permettant de renforcer la position régionale et internationale de l'Iran dans la perspective de négociations globales de paix au Moyen-Orient.

L'Égypte est un acteur principal des conflits israélo-arabes, en 1948, 1956, 1967 et 1973 quand elle était un ennemi d'Israël et de l'Occident. Mais depuis, ce pays est devenu un partenaire, notamment à partir de la signature du traité de paix de Camp David en 1979. Grâce à sa position géographique et son poids démographique, elle parvient à jouer un rôle central dans la Ligue des pays arabes. De la sorte, ses caractéristiques en plus de la normalisation de ses relations avec Israël lui octroient un rôle important de médiateur privilégié dans le conflit israélo-palestinien.

Le thème « Égypte » est parmi les plus fréquents dans les études médiatiques lors des périodes de conflit, d'un côté grâce à son action diplomatique en faveur de ses relations avec Israël, de l'autre côté grâce à son soutien à l'Autorité palestinienne.

L'action égyptienne est notamment motivée par son hostilité à l'encontre de certains acteurs locaux comme le Hezbollah, le Hamas qui est l'adversaire de l'Autorité palestinienne dans les territoires palestiniens et épigone des Frères musulmans égyptiens ; la contestation de cette confrérie est considérée par le régime égyptien comme une menace intérieure à sa stabilité. L'Égypte ambitionne, en soutien à son principal allié régional l'Arabie Saoudite, de contrecarrer les plans d'influence régionale de l'Iran.

Dans le cadre du dossier palestinien, le positionnement de l'Égypte place son gouvernement dans une situation délicate ; elle est accusée de collusion avec Israël par sa participation au blocus de Gaza.

À l'échelle régionale, l'activité diplomatique de l'Égypte est expliquée dans la presse en France et dans le Monde arabe par ses positions à l'égard d'Israël et du Hamas :

Premièrement son hostilité envers le Hamas et sa crainte de la création d'un État islamique à sa frontière. Celui-ci pourrait devenir un modèle d'État menaçant pour l'Égypte et pour les autres pays de la région.

Deuxièmement, en accord avec les positions de l'Arabie Saoudite un des principaux alliés de l'Égypte, la rivalité avec l'Iran et son influence croissante qui inquiète les autorités égyptiennes particulièrement depuis la guerre du Liban Sud de l'été 2006. L'Iran avait alors joué un rôle important d'appui au Hezbollah libanais. Dans ce cadre, l'Égypte soutient les adversaires de Téhéran au Liban et dans les territoires palestiniens.

Troisièmement, les pressions américaines et israéliennes pèsent sur l'Égypte au sujet de la lutte contre le trafic d'armes vers Gaza.

Quatrièmement, la volonté égyptienne de garder une place prépondérante dans les négociations de paix. Celle-ci étant convoitée par d'autres pays de la région comme la Jordanie, le Qatar, la Turquie, la Syrie, etc.

Cinquièmement pour détourner l'Occident des dossiers des droits de l'homme et de la démocratisation du régime en Égypte.

La presse en France, plus que la presse arabe, met l'accent sur le travail conjoint de l'Égypte avec la France et l'Union européenne. Les trois sont considérés comme des forces de proposition, notamment en présentant des plans de cessez-le-feu lors des négociations. Il est important de différencier la perception du rôle de la France lors des négociations ; la presse arabe minimise ce rôle de la diplomatie française à la différence de la presse en France.

L'Égypte n'était pas perçu uniquement comme un simple médiateur. Elle représentait les Palestiniens, car le Hamas n'était pas admis dans les négociations. Elle était ainsi partie prenante des pourparlers avec le soutien des États-Unis, de l'Union européenne et de plusieurs pays arabes influents.

Le rôle égyptien de médiateur dans le processus de paix en général est menacé, estime la presse, par plusieurs acteurs : les États-Unis, les seuls à pouvoir influencer le processus de paix ; la Russie qui veut s'imposer comme interlocuteur au Proche-Orient grâce à ses bonnes relations avec tous les acteurs du conflit ; le Qatar qui cherche à obtenir le statut de médiateur privilégié et la Turquie qui a eu à chaque conflit une intense activité diplomatique dans la région. En revanche, la couverture faite de la diplomatie de cette dernière n'a jamais été à la hauteur de son activité diplomatique, que ce soit dans la presse en France ou dans le Monde arabe.

La couverture médiatique des conflits met en exergue la dégradation des relations entre les pays arabes déjà difficiles tout au long du XXe siècle. Ces relations se sont sévèrement détériorées à la suite de la guerre du Golfe de 1990 qui avait abouti à la partition du Monde arabe entre les pays qui participent à la coalition contre l'Irak et ceux qui la refusent. Cet état de fait facilite et accentue l'hégémonie des États-Unis sur la région.

Les conflits au Moyen-Orient renforcent les divisions entre les pays arabes. Bien que les alliances soient souvent mouvantes, il se dégage une ligne de fracture principale entre l'Arabie Saoudite et ses alliés d'un côté et les alliés de l'Iran de l'autre (sachant que ce dernier n'est pas un pays arabe). Certains pays se distinguent par leur neutralité comme le Qatar. Il a suivi depuis 1994 une politique étrangère indépendante de celle de l'Arabie Saoudite et du Conseil de Coopération du Golfe (CCG). Cette indépendance en plus de la ligne éditoriale de la chaîne Qatari *Al-Jazzera* déplaît fortement à l'Arabie Saoudite et à ses alliés.

Les liens étroits dans les relations égypto-américaines permettent à l'Égypte de jouer, à la suite de la guerre du Golfe de 1990, un rôle important dans le processus de paix : dans la conférence de Madrid, dans les accords d'Oslo et dans d'autres rencontres. Elle accueille plusieurs réunions pour relancer le processus de paix. Malgré cela, l'Égypte reproche aux États-Unis leur soutien excessif à Israël. Les États-Unis critiquent de leur côté l'appui égyptien à Yasser ARAFAT. Ce rapprochement égypto-américano-israélien renforce les tensions avec les régimes arabes qui sont hostiles à cette proximité. Il consolide l'inimitié envers le régime égyptien, l'anti-américanisme et l'anti-israélisme dans la société égyptienne.

En revanche, le positionnement américain à l'époque de George W.BUSH n'inspire pas positivement la presse en général au sujet du processus de paix et des négociations. Ce gouvernement était, si ce n'est un soutien total à Israël, trop passif pour changer la situation. L'élection de Barak OBAMA présente, selon la presse, l'espoir d'une action positive pour l'avenir. La signature d'un accord entre les États-Unis et Israël sur le trafic d'armes à la frontière égyptienne de Gaza, à la fin du conflit à Gaza de 2008-2009, écarte l'Égypte et minimise son rôle de médiateur. C'est un coup dur pour elle, car l'accord concerne sa frontière et sa zone d'influence.

Le rôle égyptien, même s'il est important, reste insuffisant si la puissance hégémonique des États-Unis n'intervient pas pour l'appuyer.

L'Égypte et l'Europe, malgré leur intense collaboration, signale la presse en général, trouvent des difficultés dans leur médiation à cause du soutien inconditionnel américain à Israël et de son manque de volonté d'intervenir pour appuyer le processus de paix. Bien qu'il y ait eu des appels à la mutation démocratique, le dossier des droits de l'homme en Égypte n'influe pas sur ses relations diplomatiques avec l'Union européenne.

Le conflit joue à l'intérieur de l'Égypte un rôle dans les relations entre ses forces politiques :

- Le régime est pris entre le marteau des revendications politiques et sociales internes et l'enclume des pressions internationales.
- Les manifestations populaires dans le cadre du conflit israélo-palestinien sont perçues comme une menace pour la stabilité du régime égyptien et renforceraient les influences étrangères (de l'Iran, de la Syrie, du Hamas et du Hezbollah) en Égypte et dans les pays dits « modérés » et « proaméricains ». Quoique le nombre de manifestants fut toujours limité.
- La presse met en exergue les craintes du régime égyptien de la confrérie des Frères musulmans.
- L'autre caractéristique de la couverture sectorielle des conflits est à rattacher aux questions économiques notamment aux échelles nationale et internationale. Cette couverture a aussi pris une part non négligeable de l'analyse faite par les médias des conflits israélo-palestiniens. L'Égypte appréhende l'impact de ces conflits sur son économie. Les conflits ont une influence très importante sur le nombre de touristes en Égypte. Cette dernière n'est pas prête à sacrifier ses revenus au nom de la solidarité avec les Palestiniens.
- Dans le cadre de l'analyse économique faite des conflits au Moyen-Orient, la presse traite le dossier de l'embargo contre l'Iran avec beaucoup d'insistance. Celui-ci et les sanctions économiques américaines et internationales sont liés d'un côté au dossier du nucléaire et de l'autre à l'activité politique interventionniste de l'Iran dans les affaires moyen-orientales, en l'occurrence, le dossier irakien, le dossier yéménite et surtout le dossier du Hezbollah libanais. Néanmoins, quelques organes de presse étaient hostiles à cette interprétation des événements. Les sanctions économiques ne découleraient que de « l'impérialisme américain » et du soutien des États-Unis aux intérêts de ses alliés régionaux, notamment Israël et l'Arabie Saoudite.
- Un autre sujet économique, négligé par la presse lors des conflits à Gaza, est à rattacher au domaine énergétique ; Des gisements de gaz existe au large de l'Égypte, de la bande de Gaza et d'Israël (et dans d'autres pays de la côte orientale de la Méditerranée). Pour l'Égypte, un cessez-le-feu durable ou un accord de paix peut lui permettre l'exploitation de ces gisements sans crainte. Le conflit est un obstacle aux investissements dans le domaine gazier des pays

qui partagent ce bassin. Malgré ce désintérêt pour la question, il faut donner un aperçu sur le sujet pour des raisons méthodologiques. L'approche scientifique impose d'analyser les sujets abordés et les sujets négligés ou oubliés par la presse. Ces réserves du côté palestinien se trouvent au large de Gaza. Elles sont d'un point de vue légal à la Palestine qui a signé un accord pour son exploitation avec « British Gas » à l'époque de Yasser ARAFAT en 1999. La mort de ce dernier le 11 novembre 2004, l'élection du gouvernement du Hamas le 25 janvier 2006, ainsi que la débâcle de l'Autorité palestinienne lors de la « mini guerre civile » contre le Hamas en juin 2007 permettent à Israël de prendre, *de facto*, le contrôle de ces réserves. L'intérêt premier de cette prise de contrôle est de priver les Palestiniens d'une ressource économique leur garantissant une autonomie et de sécuriser le terminal d'Ashkelon qui donne accès au pipe-line connecté à la Turquie. Elle a également l'objectif de priver les Palestiniens d'une ressource d'argent qui leur permet, éventuellement, de s'armer et d'être un danger pour Israël. La création d'un État palestinien doté de moyens financiers et d'une armée bien équipée est refusée catégoriquement par Israël. Un tel scénario est perçu comme une menace pour la sécurité israélienne, même avec une éventuelle signature d'un accord de paix. Cette hypothèse est défendue par Avi BAR-ELI dans le site du journal israélien *Haaretz.com.* Ce dernier s'appuie sur les déclarations de Moshe YAALON, chef d'État-major de l'armée israélienne (entre le 9 juillet 2002 et 1er juin 2005) et Meir DAGAN le chef du Mossad (d'août 2002 à 2010)[62]. Le site d'information français *Médiapart* confirme que la guerre à Gaza de 2008-2009 est motivée par les gisements gaziers au large du territoire palestinien.[63] La situation géographique de ces gisements et la guerre permanente dans

---

62 Avi BAR-ELI, « Ya'alon: British Gas natural gas deal in Gaza will finance terror», *hareetz.com*, 21/10/2007, http://www.haar etz.com/news/ya-alon-brit ish-gas-natu ral-gas-deal-in-gaza-will-finance-terror-1.231576, consulté le 03/03/2014.

Voir aussi pour l'ouverture des investissements dans le secteur pétrolier aux compagnies étrangères et ses enjeux : Frédéric CHARILLON et Bernard ROUGIER, éd., *Afrique du Nord, Moyen-Orient en crise*, Paris, La Documentation française, édition 2006-2007, p. 121-125.

63 Christian-BR, « Gaza l'invasion israélienne motivée par les gisements de gaz en mer, au large de Gaza », *blogs.mediapart.fr*, 14/01/2009, http://blogs.mediap art.fr/blog/christ ian-br/140 109/gaza-l-invas ion-isra elie nne-moti vee-par-les-giseme nts-de-gaz-en-mer-au, consulté le 03/03/2014.

ce territoire sont des obstacles aux investissements dans le domaine gazier pour les pays qui partagent ce bassin selon le discours médiatique.

D'autres pays arabes jouent, pour la presse, des rôles différents selon les dossiers :

- Le rôle des pays arabes, « modérés » ou de « l'axe du refus », est vu comme important par la presse. Les plus actifs d'entre eux sont en plus de l'Égypte et son allié saoudien, le Qatar et la Syrie.
- Le rôle du Qatar peut être résumé en deux angles :

Le Qatar souhaite conquérir une place importante dans la géopolitique du Moyen-Orient. Il ambitionne de créer, par ses interventions de *go-between*, une position d'équilibre non soumise continuellement à l'axe Washington – Ryad – Le Caire. Afin d'être un acteur important dans tout mécanisme de négociation régionale, le Qatar approuve ainsi le président américain Barack OBAMA qui privilégie le rapprochement avec l'Iran.

- L'Arabie saoudite (comme l'Égypte) est habituellement leader des sommets arabes. Dans le cadre de la lutte pour l'hégémonie sur la Ligue arabe, l'Égypte et l'Arabie saoudite refusent la politique tous azimuts du Qatar et tout rapprochement avec l'Iran.
- Jusqu'en 2011 et le début de sa guerre civile, la Syrie jouait un rôle complexe. Elle a des liens avec l'Iran, avec le Hamas, avec le Hezbollah et avec la France. La France espérait accorder à la Syrie un rôle actif dans les pourparlers dans le dossier israélo-palestinien, pour bénéficier de son influence sur le Hamas. Elle est considérée comme un facteur de stabilisation ou de déstabilisation régionale et un acteur de la sécurité israélienne de par son influence sur le Hamas et sur le Hezbollah.
- Malgré le soutien français à la Syrie, les pays arabes sunnites dits « modérés » s'alarment de l'influence de l'Iran, chiite, sur la Syrie, comme sur le Hezbollah et le Hamas.

Le manque de recul historique

La presse de manière générale dans le Monde arabe, en France ou ailleurs, met l'accent sur une actualité donnée en se focalisant exclusivement sur des thèmes définis et des opinions polarisées. Les journalistes ne contextualisent pas les événements sur un plan historique plus large : la presse manque dans certains cas de recul historique et d'analyse approfondie de l'Histoire.[64]

C'est une constatation qui touche les conflits au Moyen-Orient et le conflit israélo-palestinien de manière particulière.

Cette conclusion faite sur le travail de la presse est à nuancer. Le travail de la presse n'est pas de faire d'analyse historique. C'est avant tout un travail d'historiens. La presse fait tout de même des rappels historiques, bien qu'insuffisants pour bien comprendre des conflits complexes et des contextes souvent utilisés par les adversaires dans un conflit pour justifier leurs droits.

Or, la contextualisation historique accorde au lecteur la possibilité de saisir le présent qui trouve ses racines dans le passé. Sans la connaissance nécessaire de ce passé, proche ou lointain, la compréhension reste incomplète.

La partialité, une question récurrente dans les études des médias

La partialité\impartialité de l'information est question récurrente dans l'analyse du discours médiatique. Il n'y a aucune preuve tangible affirmant la manipulation de l'information. Il est donc difficile de juger de l'honnêteté et de la partialité du journaliste en faisant appel à des méthodes scientifiques. En effet, le journaliste peut être fermement persuadé de la validité de ses convictions et des informations qu'il rapporte. Il faut en revanche mesurer l'orientation des organes de presse selon leurs choix thématiques, d'où le constat que la presse favorise la régionalisation, voire l'internationalisation, des conflits au Moyen-Orient. Dans ce cas, la mesure est fiable, car elle peut être confirmée par les chiffres émanant de l'analyse de la fréquence.

La complexité de cerner les intentions des journalistes s'accompagne de critiques formulées sur la partialité des médias lors de certains conflits complexes, tels que le conflit israélo-palestinien[65].

---

64 C'est une constatation faite sur le conflit israélo-palestinien, notamment par Abdelasiem EL DIFRAOUI (journaliste et chercheur germano-égyptien) qui pense que le journaliste a « un devoir, celui de « contextualiser » », Assia LABBAS, « Le Conflit israélo-palestinien n'intéresse personne », *BondyBlog.fr*, 12/11/2014. http://www.bondyblog.fr/201411120001/le-conflit-israelo-palestinien-ninteresse-personne/#.VGR2ZfmG965, consulté le 17/11/2014.

65 Voir à ce sujet :

Emmanuel DUBOIS « Opération « Plomb durci » à Gaza : analyse et perspectives », *Europeen Stratégique Inteligence and Secutity Center (ESISC.*

Lors des conflits entre Israël et Gaza depuis le début du 21e siècle, l'image du parti palestinien Hamas est certes globalement négative dans la presse française et arabe proche des pays dits « modérés », mais rien ne prouve que la presse étudiée soit islamophobe (pour la presse en France), complètement pro-israélienne ou soumise à la propagande d'Israël comme le pense Denis SIFFERT. Même si la presse en France soutient le droit d'Israël de « riposter », elle critique en grande partie l'action israélienne. Alors que la presse arabe hostile au Hamas, n'a jamais jugé les attaques israéliennes sur Gaza comme étant une « riposte » et encore moins légitimes. Elle n'a jamais déclaré un quelconque soutien à Israël.

Grande ou petite place pour le conflit dans les médias ?

Si la grande place du conflit dans la presse arabe n'est pas remise en question, sa place dans la presse française soulève souvent des critiques contradictoires entre ceux qui estiment que le conflit israélo-palestinien est négligé de plus en plus par la presse française et ceux qui l'estiment trop présent.

Assia LABBAS constate que la presse française accorde une part importante au conflit à Gaza de 2008\2009 à titre d'exemple malgré la désaffection d'un nombre de plus en plus élevé de Français[66]. L'ancien médiateur et correspondant de France 2 à Jérusalem Didier EPELBAUM constate que l'intérêt de la presse pour le conflit israélo-palestinien diminue en permanence et y voit le signe du désintérêt des Français pour la question. Ce conflit, selon lui, « n'intéresse qu'une minorité du public ».

---

org), 01/ 03/2009, http://www.esisc.org/upload/publications/analyses/operation-plomb-durci-a-gaza-analyse-et-perspectives/15.%20OP%C3%89RATION%20%C2%AB%20PLOMB%20DURCI%20%C2%BB%20%C3%80%20GAZA.pdf, consulté le 23/05/2014.

Denis SIEFFERT, *La nouvelle guerre médiatique israélienne*, Paris, La Découverte, 2009, p. 39-55.

Salah BASALAMAH, « Pour une herméneutique de l'islamisme », Montréal, *Spirale*, n° 212, janvier-février 2007 ; François BURGAT, *L'Islamisme à l'heure d'Al-Qaïda*, Paris, La Découverte, 2005.

66 Assia LABBAS, « Le Conflit israélo-palestinien n'intéresse personne », *BondyBlog.fr*, 12/11/2014. http://www.bondyblog.fr/201411120001/le-conflit-israelo-palestinien-ninteresse-personne/#.VGR2ZfmG965, consulté le 17/11/2014.

En effet, d'après l'IFOP, l'intérêt pour le conflit israélo-palestinien diminue de manière constante. Le sondage de mai 2008 révèle que 67 % des Français refusent de prendre parti, 19 % expriment plutôt de la sympathie pour les Palestiniens et 14 % pour Israël. En comparaison, en août 2014, juste après la conclusion du conflit à Gaza de cette année-là, 74 % des Français s'abstiennent de prendre position, 17 % soutiennent les Palestiniens et 9 % soutiennent les Israéliens[67].

[67] IFOP pour *Sud-Ouest Dimanche*, « Les Français et le conflit israélo-palestinien », *ifop.com*, http://www.ifop.com/media/poll/2741-1-stu dy_f ile.pdf, consulté le 17/11/2014.

Conclusion

Les médias, qu'ils soient dans le Monde arabe, en France ou ailleurs, ont tendance à mettre en lumière une actualité spécifique en se concentrant exclusivement sur des thèmes définis et des opinions polarisées. Les journalistes omettent souvent de replacer les événements dans une perspective historique, en particulier en ce qui concerne les conflits au Moyen-Orient de manière générale, et le conflit israélo-palestinien de manière particulière.

Il convient toutefois de nuancer cette observation. En effet, le journaliste n'est pas un expert en histoire, cette approche étant réservée à l'historien. Malgré cela, certains journalistes tentent, dans la presse, d'intégrer des rappels historiques, bien que cela puisse parfois s'avérer insuffisant pour maîtriser des sujets aussi complexes. L'approche historique demeure également un outil utilisé par les parties en conflit pour justifier leurs droits ou promouvoir leurs intérêts.

Dans ce contexte, le rôle du journaliste devient crucial, car en contextualisant historiquement, il permet au lecteur de comprendre le présent en s'appuyant sur l'histoire.

Un autre constat significatif émerge ; la presse aborde les conflits au Moyen-Orient à travers le prisme des Relations internationales et des intérêts géopolitiques des États. Elle forge sa perception des conflits en s'appuyant sur des théories telles que la théorie libérale (idéaliste et réaliste) et la théorie pragmatique (rationaliste). Toutefois, les organes de presse ne sont pas toujours unanimes quant à l'utilisation de ces théories, en particulier pour déterminer qui adopte une approche pragmatique ou libérale dans ses actions.

La presse analyse les actions des États en se basant sur les représentations spatiotemporelles des antagonistes, ce qui peut l'amener à prendre position en soutenant l'un ou l'autre des belligérants. Le discours devient ainsi le reflet des représentations géopolitiques, et les relations que le journaliste ou l'analyste entretient avec les protagonistes, qu'elles soient religieuses, idéologiques, économiques, etc., peuvent influencer l'orientation de son discours.

On observe un changement dans les études des médias sur le monde arabe et le Moyen-Orient en Occident. Avant les attentats terroristes du 11 septembre 2001, l'attention se focalisait principalement sur la presse occidentale. Depuis lors, les chercheurs se sont tournés vers la compréhension de la pensée du monde arabe et de ses médias.

En ce qui concerne l'étude des médias arabes, les chercheurs notent que ces derniers contribuent à imposer des "normes culturelles", qu'elles soient anciennes ou nouvelles, renforçant ainsi l'influence des États auxquels ils appartiennent. Ils participent en somme à la « diplomatie d'influence » ou à la "Public diplomacy" des États.

Une dernière observation concerne l'approche culturaliste adoptée par la presse, qui cherche souvent à expliquer les conflits par la culture (religion, tradition, idéologie, etc.). Cette vision rend l'action des acteurs des conflits immuable, non évolutive, et surtout non pragmatique. Cette approche, dérivée du culturalisme, s'oppose à l'évolutionnisme, et elle se caractérise par un ancrage spatial et temporel de références et d'outils censés fournir une réponse rapide aux nouvelles sollicitations.

Bibliographie

'ATWAN 'abdel Barî (éditorial), « Les gagnants et les perdants dans la guerre de Gaza », *Al-quds Al-arabi,* 19/01/2009.

AMOSSY Ruth, *L'Argumentation dans le discours*, Paris, Armand Colin, 2006.

AYALON Ami, The Press in the Arab Middle East : A History, Oxford, Oxford university press, 1995

BAR-ELI Avi, « Ya'alon: British Gas natural gas deal in Gaza will finance terror», *hareetz.com*, 21/10/2007, http://www.haaretz.com/news/ya-alon-british-gas-natural-gas-deal-in-gaza-will-finance-terror-1.231576, consulté le 03/03/2014.

BARRAL Pierre Emmanuel, *Les Grands théoriciens des relations internationales*, Levallois-Perret, Studyrama, 2015.

BARRAT Jacques, « La géopolitique des médias », *In*, Rémy LE CHAMPION, Catherine LETEINTURIER, *Médias, informations et communication*, Paris ellipses, 2009.

BATTISTELA Dario, *Théorie des relations internationales*, Paris, SciencesPo. Les Presses, 2012.

BLOM Amélie, CHARILLON Frédéric, *Théories et concepts des relations internationales*, Paris, Hachette Supérieur, 2001.

BOULANGER, Géopolitique des médias : acteurs, rivalités et conflits, Paris, Armand Colin, 2014.

BOYD Douglass, « The Developpement of Egypt's Voice of the Arabs », In, BROWN, D *Issues in International Broadcasting*, (dir), *Broadcast Education Association*, New York.

BOYER Henry, « L'incontournable paradigme des représentations partagées dans le traitement de la compétence culturelle en français langue étrangère », *in, Études de linguistique appliquée, Éla*, 2001/3-4 (n° 123-124).

BRAS Jean-Philippe et CHOUIKHA Larbi avaient écrit un livre en 2002 intitulé *Médias et technologies de communication en Maghreb et en*

Méditerranée. Mondialisation, redéploiement et « art de faire », Tunis, Institut de recherche sur le Maghreb contemporain, 2002.

BRAUDEL Fernand, *Grammaire des civilisations*, Paris, Grand Livre Du Mois, 1998.

BR-Christian, « Gaza l'invasion israélienne motivée par les gisements de gaz en mer, au large de Gaza », *blogs.mediapart.fr*, 14/01/2009, http://blogs.mediap art.fr/blog/christ ian-br/140 109/gaza-l-invas ion-isra elie nne-moti vee-par-les-gisements-de-gaz-en-mer-au, consulté le 03/03/2014.

BURGAT François, *L'Islamisme à l'heure d'Al-Qaïda,* Paris, La Découverte, 2005.

CHARAUDEAU Patrick, *Discours politique : les masques du pouvoir*, Paris, Vuibert, 2005.

CHARILLON Frédéric, ROUGIER Bernard, (éd), *Afrique du Nord, Moyen-Orient en crise*, Paris, La Documentation française, 2006.

COSSON Yves-Marie, « de la pertinence d'une presse nationale comme objet d'étude : l'exemple de la presse russe », *In* ALLAIN Annie, GLADIEUX Marc et MALVEILLE François (éd), *Lecture(s) de l'actualité et paysages médiatiques : regards croisés sur l'international*, Centre de Gestion de L'Édition scientifique de Lille 3 (UL3), Lille, 2011.

COURBET Didier, FOURQUET-COURBET Marie-Pierre (éd), *La Télévision et ses influences,* Bruxelles, De Boeck Université/INA, 2003.

DAYAN Daniel, « Sociologie des médias : le détour par l'ethnographie », *In* : MOSCOVICI Serge, BUSCHINI Fabrice, (éd), *Les méthodes des sciences humaines*, Paris, Presses universitaires de France, 2003.

DUBOIS Emmanuel « Opération « Plomb durci » à Gaza : analyse et perspectives », *Europeen Strategic Intelligence and Security Center (ESISC.org)*, 01/ 03/2009, http://www.esisc.org/upl oad/publi cati ons/analy ses/operat ion-plomb-durci-a-gaza-anal yse-et-persp ecti ves/15.%20OP%C3%89RAT ION%20%C2%AB%20PL OMB%20DU RCI%20%C2%BB%20%C3%80%20GAZA.pdf, consulté le 23/05/2014.

FARDJAOUI Boualem, « Le Conflit à Gaza 2008-2009 dans la presse, une approche culturaliste, cas de *Al-quds Al-arabi* et du *Monde* », In, FARDJAOUI Boualem éd, *Éloge de la pluridisciplinarité, Arabia,* http://ara bia-revue.com/wp-cont ent/uplo ads/2016/11/Le-Conf lit-%C3%A0-Gaza-2008-2009-dans-la-pre sse-une-appro che-cultu rali ste-%C3%A9t ude-comp arat ive-entre-Le-Monde-et-Al-quds-Al-arabi-1.pdf, janvier 2017.

FOURQUET-COURBET Marie-Pierre et COURBET Didier, « Analyse de la réception des messages médiatiques, Récits rétrospectifs et verbalisations concomitantes », *Communication et Langages, 09/* 2009.

FRANJIE Lynne, « La Médiatisation des conflits contemporains, de la guerre du Golfe (1990-1991) à la Guerre du Liban (2006) », *Cahier d'histoire immédiate*, N° 45, 2014.

GAUCHON Pascal, HUISSOUD Jean-Marc, *Les 100 mots de la géopolitique*, Paris, PUF, 2010.

GRIZE Jean Blaize, *Logique et langage*, Paris, Ophris, 1990.

GUAAYBESS Tourya, Les Médias dans les pays arabes, des théories du développement contrariées aux politiques de coopération émergentes, ISTE Éditions, Londres, 2019.

GUITTET Emmanuel-Pierre, SCHERRER Amandine, « Panorama des théories des Relations Internationales. Contester pour innover ? », *Cultures & Conflits* n°68/, hiver 2007, 18/04/2008, http://journals.openedition.org/conflits/6943, consulté le 02/04/2020.

HALL Stuart," Encoding/Decoding TV discourse ", CCCS, University of Birmingham, 1973.

HAMMAMI Sadock , « La communication publique dans le Monde arabe. Essai d'analyse de son émergence et de son développement », *Communication et organisation*, 35 | 2009, 01/12/2012, consulté le 28/01/2021. http://journals.openedition.org/communicationorganisation/820 ; DOI : https://doi.org/10.4000/communicationorganisation.820

HECKER Marc, *La Presse française et la première guerre du Golfe*, Paris, L'Harmattan, 2003.

HUNTINGTON Samuel, Ṣidām ʾal ḥadārāt wa ʾiʿādẗ *bināʾ ʾlniẒām ʾlʾālamī*, traduit à l'Arabe par MālK ʿabīd ʾbū Šahawiya et Mahmūd Muhammad Ḫālaf, Benghazi, ʾal Dar ʾal Ǧamāhiriya.

IFOP pour *Sud-Ouest Dimanche*, « Les Français et le conflit israélo-palestinien », *ifop.com*, http://www.ifop.com/media/poll/2741-1-stu dy_file.pdf, consulté le 17/11/2014.

JUBRAN KARAM Jeanne, مدخل إلى لغة الإعلام madḫal ʾila luġaẗi ʾal ʾiʿlām, Beyrouth, Dar al Jil, 1992.

KAI Hafes, *Arab Media : Power and Weakness,* London: Bloomsbury Academic. Retrieved May 22, 2022.

KAI Hafes, Mass Media, Politics and Society in the Middle East, New York, Hampton Press, 2001.

LABBAS Assia, « Le Conflit israélo-palestinien n'intéresse personne », *BondyBlog.fr*, 12/11/2014. http://www.bondyb log.fr/20141 1120 001/le-conf lit-israelo-palestinien-ninteresse- personne/#.VGR2ZfmG965, consulté le 17/11/2014.

LACHKAR Abdenbi, « Discours politique, médias et représentations : quelle (s), stratégie(s) pour quel(s) effet(s) », *In*, ABECASSIS Michaël, LEDEGEN Gudrun (éd), *Les Voix des Français volume 1 : à travers l'histoire, l'école et la presse*, Berne, Peter Lang, 2010.

LACOSTE Yves (éd), *Dictionnaire de géopolitique*, Flammarion, Paris, 1993.

LASSERRE Frédéric, GONON Emmanuel, *Manuel de géopolitique*, Armand Colin, 2016.

LAURENS Henry, L'Orient arabe: arabisme et islamisme de 1798 à 1945, Paris, Armand Colin, 1993.

LERAY Christian, L'analyse de contenu : de la théorie à la pratique, la méthode Morin-Chartier, Presse universitaire du Québec, Québec, 2008.

MARCHAND Pascal. (éd), *Psychologie sociale des médias*, Rennes, Presses Universitaires de Rennes, 2004.

MERMIER Franck (éd), *Mondialisation et nouveaux médias dans l'espace arabe,* Paris, Maisonneuve et Larose, 2003.

MORGENTHAU Hans Joachim, *Politics Among Nations, The Struggle for Power and Peace*, New York, McGraw-Hill, 1985.

Non cité, « Quelles sont les grandes théories en matière de relations internationales ? », *Vie-publique.fr*, 23/08/2019, https://www.vie-publi que.fr/fiches/269844-theories-relations-internationales-realiste-liberale-construc tiviste, consulté le 02/04/2020.

PIET Grégory, WINTGENS Sophie et STANS David, La Guerre à Gaza, de l'analyse du discours médiatique à l'analyse politologique, l'État et les relations internationales en question, Bruxelles, P.I.E. Peter Lang, 2010.

ROSIÈRES Stéphane, *Dictionnaire de l'espace politique*, Paris, Armand Colin, 2008.

ROZIN Philippe, « Le concept de culturalisme dans les sciences anthropologiques : de Tylor à Lowie », *Le Philosophoire*, N27, 02/2006, https://www.cairn.info/revue-le-philosophoire-2006-2-page-151.htm, consulté le 17/04/2020.

RUGH William, The Arab Press : News Media and Political Process in the Arab World, New York, Syracuse University Press, 1979.

SAÏD Edward, « Orientalism : a Brief Definition », postcolonial-web.org, http://www.postcolonialweb.org/poldiscourse/pol11.html, reconsulté par moi-même le 28/03/2014.

SAÏD Edward, *Orientalism*, New York: *Vintage*, 1979.

Salah BASALAMAH, « Pour une herméneutique de l'islamisme », Montréal, Spirale, n° 212, janvier-février 2007.

SIEFFERT Denis, *La nouvelle guerre médiatique israélienne*, Paris, La Découverte, 2009.

SINIAVSKI Andreï, *Les fondements de la Civilisation soviétique*, sous son titre original en russe, *Osnovy Sovetskoï Tsivilisatsii*, Moskva, « Agraf » 2001.

SMITH Michael Joseph, *Realist Thought From WEBER To KISSINGER*, Bâton Rouge (La.), Louisiana State University Presse, 1986.

TANNOUS Manon-Nour, PACREAU Xavier, *Les relations internationales*, Paris, La Documentation française, 2020.

Annexe, les travaux de l'auteur impliqués dans le présent livre

FARDJAOUI Boualem, De Obama à Trump : le discours de la presse écrite dans le monde arabe en transformation. Entre enjeux militants et intérêts d'État, L'Harmattan (collection de recherche DeVisu), 2023.

FARDJAOUI Boualem, EPPREH-BUTET Raphaël éd, Les États-Unis au Maghreb et au Moyen-Orient : l'évolution de la politique américaine sous le gouvernement Obama, Lille, UL3 Presses universitaires de Lille (collection Travaux de recherche), 2017.

FARDJAOUI Boualem, Le conflit à Gaza de 2008-2009 dans le discours médiatique ; quand la guerre devient une affaire de géopolitique mondiale, Paris, L'Harmattan (collection de recherche Comprendre le Moyen-Orient), 2017.

FARDJAOUI Boualem, Méthode d'analyse du contenu de la presse écrite pour les chercheurs débutants : Méthode d'analyse de la fréquence, Paris, Edilivre (collection Classique), 2017.

FARDJAOUI Boualem, « Les répercussions de la reconnaissance par les USA de Jérusalem comme capitale d'Israël dans le discours médiatique arabe : cas des deux organes de presse, *al-Jazeera* et *al Arabiya* », *In* Taguhi BLBULYAN *(éd), Lectures croisées des discours, Hiatus entre réalités sociopolitiques, récits de mémoire et approches interprétatives, Translation Studies : Theory and Practice*, p. 86-92 (23270 signes), https://doi.org/10.46991/TSTP/2023.SI.1, 27 avril 2023.

FARDJAOUI Boualem, « الإطار النظري للدراسات الإعلامية (في العالم العربي)، الإعلام كأداة جيوسياسية في العلاقات الدولية» (Le cadre théorique des études des médias, les médias (cas du monde arabe) comme outil géopolitique dans les Relations internationales), *Afak (Algérie) (afak-revue.com/ https://www.asjp.cer ist.dz/en/Presen tati onRe vue/327)*, (10 pages/ 19259 signes), décembre 2022.

FARDJAOUI Boualem, « تحليل الخطاب الإعلامي حول العالم العربي وفي العالم العربي ، تحليل يقوم على التفسير الجيوسياسي وعلى نظريات العلاقات الدولية», (L'analyse du discours médiatique sur et dans le monde arabe, une analyse fondée sur l'interprétation géopolitique et sur les théories des Relations internationales), *AlMidad (Algérie)*, https://www.asjp.cer ist.dz/en/PresentationRevue/327, p. 20-43 (54428 signes), décembre 2022.

FARDJAOUI Boualem, « الصراعات في العالم العربي والشرق الأوسط بين سندان الصحافة العربية ومطرقة ترامب (صفقة القرن) أنموذجا », (Les conflits dans le monde arabe et au Moyen-Orient entre l'enclume de la presse arabe et le marteau de TRUMP, « le Deal du siècle » comme modèle.), *In* Hamda KOUKA *(éd), Massaratte, Parcours Cognitifs des Sciences Sociales et Humaines* (Association Tunisienne des Jeunes Chercheurs en Sociologie (ATJCS) en partenariat avec UVT Université Virtuelle de Tunis - L'ISEFC Institut Supérieur de l'Éducation et de la Formation Continue), Tunisie, (12 pages/17082 signes), 2023.

FARDJAOUI Boualem, « Medias and Public diplomacy in the Arab World » *In* GASSEMI Mehdi, FARDJAOUI Boualem (*éd*), *Conflits au Moyen-Orient : communication et diplomatie d'influence*, ISTC (Institut Stratégies & Communication – Université Catholique de Lille), (12 pages/ 22213 signes), 2023, à paraître.

FARDJAOUI Boualem, « Le bilan d'Obama au Moyen-Orient au regard de la presse arabe, de l'espoir à la déception », *In* EPPRET-BUTET Raphaël (*éd*), *Barack Obama à la présidence des États-Unis, un bilan*, L'Harmattan (collection Penser le temps présent), p. 161-172 (26757 signes), 2019.

FARDJAOUI Boualem, «أوباما و العالم العربي، نهاية عهدة صعبة /Ubamawa 'al 'alam 'al 'arabi, nihayat hukm sa'ba » (Obama et le Monde arabe, difficile fin de règne), In FARDJAOUI Boualem, EPPREH- BUTET Raphaël (éd), Les États-Unis au Maghreb et au Moyen-Orient :l'évolution de la politique américaine sous le gouvernement Obama, UL3 (Presses universitaires de Lille), p. 63-80 (23579 signes), 2017.

EPPREH-BUTET Raphaël, FARDJAOUI Boualem, « Le président Barack Obama : du discours diplomatique du Caire à la pratique de politique étrangère au Maghreb et au Moyen-Orient », *In* EPPREH BUTET Raphaël, FARDJAOUI Boualem, *(éd), Les États-Unis au Maghreb et au Moyen-Orient : l'évolution de la politique américaine sous le gouvernement Obama,* UL3 (Presses universitaires de Lille), p. 09-15 (18725 signes), 2017.

FARDJAOUI Boualem, « Le Conflit à Gaza 2008-2009 dans la presse, une approche culturaliste, cas de *Al-quds Al-arabi* et du *Monde* », *In,* FARDJAOUI Boualem *(éd), Éloge de la pluridisciplinarité, Arabia,* http://ara bia-revue.com/wp-cont ent/uplo ads/2016/11/Le-Conf lit-%C3%A0-Gaza-2008-2009-dans-la-pre sse-une-appro che-cultu rali ste-%C3%A9t ude-comp arat ive-entre-Le-Monde-et-Al-quds-Al-arabi-1.pdf, (25 pages/64085 signes), janvier 2017.

FARDJAOUI Boualem, « La presse écrite en France et la diplomatie iranienne lors du conflit à Gaza de 2008-2009 », *Dynamiques internationales,* http://dyn amiq ues-inte rnat iona les.com/wp-cont ent/uplo ads/2016/01/ Fardjaoui-Varia-7-DI-1.pdf, (14 pages/35819 signes), septembre 2015.

FARDJAOUI Boualem, « Conflit à Gaza de 2008-2009, une affaire de politique intérieure iranienne », *Moukarabet Sciences et Connaissances,* http:// www.univ-dje lfa.dz/rev ues/mokara bat/18/, p. 336-341 (20109 signes), novembre 2015.

FARDJAOUI Boualem, « Le conflit israélo-palestinien et la diplomatie égyptienne au Moyen-Orient, de la fin de 2008 au début de 2009 », *études stratégiques,* p. 210-228 (37789), décembre 2015.

Géopolitique et résolution des conflits

Cette collection accueille des travaux dont l'objectif est d'analyser les changements géopolitiques ayant marqué la scène européenne et mondiale depuis 1989.

Au niveau européen, une attention particulière est consacrée aux conflits post-guerre froide ainsi qu'à la transformation des relations entre l'Union européenne et les grandes puissances.

Au niveau mondial, d'intenses bouleversements ont radicalement modifié les grilles de lecture des crises et des conflits, qu'il s'agisse de la prévention, de la gestion ou de la résolution de ceux-ci. Dans cette perspective, la collection est ouverte aux réflexions théoriques et aux études empiriques portant sur le déroulement et les implications internationales de conflits et processus de paix spécifiques.

La collection « Géopolitique et résolution des conflits » réunit dans son équipe éditoriale les membres du Centre d'études des crises et des conflits internationaux de l'Université catholique de Louvain CECRI-UCL et des Chaires Baillet Latour « Union européenne – Russie » et « Union européenne – Chine » UCL-KUL.

Series Titles

N° 1 – Claude Roosens, Valérie Rosoux & Tanguy de Wilde d'Estmael (dir.), *La politique étrangère. Le modèle classique à l'épreuve*, 2004, 454 pages, ISBN 978-90-5201-231-5.

N° 2 – Tanguy de Wilde d'Estmael & Laetitia Spetschinsky (dir.), *La politique étrangère de la Russie et l'Europe. Enjeux d'une proximité*, 2004, 263 pages, ISBN 978-90-5201-230-8.

N° 3 – Jean-François Simonart, *Russie, États-Unis: partenaires de l'Allemagne. Les deux clés de la sécurité européenne*, 2005, 269 pages, ISBN 978-90-5201-257-5.

N° 4 – Olivier Lanotte, *La France au Rwanda (1990-1994). Entre abstention impossible et engagement ambivalent*, 2007, 533 pages, ISBN 978-90-5201-344-2.

N° 5 – Tanguy Struye de Swielande, *La politique étrangère de l'administration Bush. Analyse de la prise de décision*, 2007, 288 pages, ISBN 978-90-5201-070-0.

N° 6 – Éric Remacle, Valérie Rosoux & Léon Saur (dir.), *L'Afrique des Grands Lacs. Des conflits à la paix?*, 2007, 289 pages, ISBN 978-90-5201-351-0.

N° 7 – Vincent Legrand, *Prise de décision en politique étrangère et géopolitique. Le triangle « Jordanie-Palestine-Israël » et la décision jordanienne de désengagement de Cisjordanie (1988)*, 2009, 410 pages, ISBN 978-90-5201-532-3.

N° 8 – Grégory Piet, Sophie Wintgens & David Stans, *La guerre à Gaza, de l'analyse du discours médiatique à l'analyse politologique. L'État et les relations internationales en question*, 2010, 222 pages, ISBN 978-90-5201-662-7.

N° 9 – Gaëlle Pellon & Michel Liégeois, *Les organisations régionales européennes et la gestion des conflits. Vers une régionalisation de la sécurité?*, 2010, 353 pages, ISBN 978-90-5201-663-4.

N° 10 – Nissé Nzereka Mughendi, *Les déterminants de la paix et de la guerre au Congo-Zaïre*, 2011, 391 pages, ISBN 978-90-5201-696-2.

N° 11 – Elisabeth Meur, *Liban-Syrie: inextricables destins? Étude de la relation libanosyrienne de 1998 à 2006*, 2011, 229 pages, ISBN 978-90-5201-754-9.

N° 12 – Laetitia Spetschinsky, *Russie-UE. La naissance d'un partenariat stratégique. La transformation de la politique étrangère russe (1991-2000)*, 2011, 317 pages, ISBN 978-90-5201-788-4.

N° 13 – Céline Bayou & Matthieu Chillaud (dir.), *Les États baltes en transition. Le retour à l'Europe*, 2012, 264 pages, ISBN 978-90-5201-868-3.

N° 14 – Tanguy de Wilde d'Estmael & Tanguy Struye de Swielande, *La Chine sur la scène internationale. Vers une puissance responsable?*, 2012, 512 pages, ISBN 978-2-87574-003-8.

N° 15 – Olha Ostriitchouk, *Les Ukrainiens face à leur passé. Vers une meilleure compréhension du clivage Est/Ouest*, 2013, 392 pages, ISBN 978-2-87574-035-9.

N° 16 – Philippe Perchoc, *États baltes et le système européen (1985-2004). Être Européens et le devenir*, 2014, 288 pages, ISBN 978-2-87574-132-5.

N° 17 – Tanguy Struye de Swielande, *Duel entre l'Aigle et le Dragon pour le leadership mondial*, 2015, 276 pages, ISBN 978-2-87574-302-2.

N° 18 – Mathias Delori, *La réconciliation franco-allemande par la jeunesse. La généalogie, l'événement, l'histoire (1871-2015)*, 2016, 280 p., ISBN 978-2-87574-323-7.

N° 19 – Olha Ostriitchouk, *Mémoires de conflits, mémoires en conflits. Affrontements identitaires, tensions politiques et luttes symboliques autour du passé*, 2016, 285 p., ISBN 978-2-8076-0045-4.

N° 20 – Delphine Deschaux-Dutard & Sabine Lavorel, *Puissances émergentes et sécurité internationale: une nouvelle donne? Une perspective pluridisciplinaire sur la puissance et l'émergence sur la scène internationale*, 2016, 312 p., ISBN 978-2-8076-0102-4.

N° 21 – Sophie Wintgens & Audrey Weerts (dir.), *L'État dans tous ses états*, 2017, ISBN 978-2-8076-0366-0.

N° 22 – Elena Aoun (ed.), *The United Nations Interim Force in Lebanon: Multiple Perspectives on a Multinational Peace Operation*, 2018, ISBN 978- 2-8076-0249-6.

N° 23 – Pierre Vercauteren & Elena Aoun (eds.), *The State between Interdependence and Power in Contemporary World*, 2018, ISBN 978-2-8076-0257-1.

N° 24 – Anna Mkhoyan, *L'Arménie entre la Russie et l'Occident. Quelle évolution dans un environnement complexe?*, 2020, ISBN 978-2-8076-1161-0.

N° 25 – Emmanuelle Hébert, *Passé(s) recomposé(s). Les commissions d'historiens dans les processus de rapprochement (Pologne-Allemagne, Pologne-Russie)*, 2020, ISBN 978-2-8076-1505-2.

N° 26 – Tanguy Struye de Swielande, Valérie Rosoux, Tanguy de Wilde d'Estmael (dir.), *La politique étrangère. À l'épreuve de la fragmentation,* 2021, ISBN 978-2-8076-1776-6.

N° 27 – Jacques Dupouey, *Justice, ne passe pas ton chemin. L'expérimentation de la justice transitionnelle en Asie du Sud-Est,* 2022, ISBN 978-2-8076-1995-1.

N° 28 – Simon Desplanque, *Making of a Nation, Analyse de l'imaginaire national américain au travers des portraits cinématographiques et télévisuels des présidents Truman à Bush Sr,* 2022, ISBN 978-2-87574-673-3.

N° 29 – Boualem Fardjaoui, *Cadre théorique des études des médias: les médias du monde arabe comme outil géopolitique,* 2025, ISBN 978-3-0343-5414-1.

www.peterlang.com

FSC
www.fsc.org
MIX
Papier | Fördert gute Waldnutzung
FSC® C083411

Kolibri 360 GmbH
Ferdinand-Jühlke-Straße 7
99095 Erfurt, Deutschland
produktsicherheit@kolibri360.de

Druck:
CPI Druckdienstleistungen GmbH
im Auftrag der
Kolibri 360 GmbH
Ferdinand-Jühlke-Str. 7
99095 Erfurt